2022年陇东学院博士基金项目"高校课程思政协同创新研究"资助
2023年陇东学院课题"混合式教学模式在应用型大学公共英语课程
编号：JG-07；
2022年度甘肃省哲学社会科学规划项目"乡村振兴背景下甘肃乡村教师新乡贤身份研究"资助项目（项目编号：2022YB119）

激活思辨潜能
义务教育教学的新策略研究

苟文研 著

中国华侨出版社

·北京·

图书在版编目（CIP）数据

激活思辨潜能：义务教育教学的新策略研究 / 苟文研著. -- 北京：中国华侨出版社, 2024. 12. -- ISBN 978-7-5113-9429-3

Ⅰ. G522.3

中国国家版本馆CIP数据核字第20246LJ533号

激活思辨潜能——义务教育教学的新策略研究

著　　者：苟文研
责任编辑：罗路晗
封面设计：寒　露
经　　销：新华书店
开　　本：710毫米×1000毫米　1/16开　印张：13　字数：213千字
印　　刷：定州启航印刷有限公司
版　　次：2024年12月第1版
印　　次：2024年12月第1次印刷
书　　号：ISBN 978-7-5113-9429-3
定　　价：78.00元

中国华侨出版社　北京市朝阳区西坝河东里77号楼底商5号　邮编：100028
发行部：（010）64443051　　传　真：（010）64439708

如发现印装质量问题，影响阅读，请与印刷厂联系调换。

前 言

伴随当代社会经济全球化与信息化的发展趋势，教育的功能已超越传统的知识传递，转向更深层次的能力塑造与价值引领。义务教育是人生教育体系中的奠基阶段，实行义务教育的根本意义在于夯实学生的学术基础，并引导其形成健全的思维方式和深刻的认知能力。其中，思辨能力作为独立判断、创新思维和科学决策的核心素质，已成为义务教育阶段学生核心素养培养的重要内容之一。如何在教学实践中有效激发学生的思辨潜能，已经成为教育领域的一大挑战。

本书以思辨能力的培养为核心议题，深入探讨了义务教育阶段思辨能力培养的理论基础与实践路径，以期为教育工作者提供科学、系统且具有可操作性的教学策略。全书结构设计科学，内容层层递进。第一章从义务教育教学的核心价值出发，分析了义务教育的教学目标、原则以及教学内容体系和方法，为思辨能力的培养奠定了基础框架。第二章聚焦教育学与教育心理学的相关理论，探讨思辨能力培养的内在逻辑与路径，构建了系统性的理论支持。第三章深入剖析了思辨能力的核心内涵、构成要素及评估方法，为教育工作者提供了科学化的理解工具。基于理论探讨，第四章分析了义务教育阶段培养思辨能力的必要性，强调课程教学在激发学生思维潜能中的独特作用。第五章聚焦课程教学策略，从理念革新、方法优化、教材二次开发到教师作用的发挥，提出了一套完整的实践路径。第六章以英语教学为例，从知识教学与技能协同发展的视角，探讨了学科教学中思辨能力培养的实际操作方法，为其他学科的教学实践提供了可借鉴的思路。

本书的最大特色在于理论性与实践性的高度融合。通过对教育理论的系统梳理与对教学实践的深度分析，本书不仅为教育研究者提供了学术支持，还为一线教师设计了具体的教学活动，为教师开发教材内容、优化课堂互动提供了操作指南。书中结合真实的教学情境，多学科、多角度地探索了培养思辨能力的可行路径，为义务教育教学注入了新的视角与活力。

思辨能力的培养是一项长期且复杂的教育工程，不仅需要以理论的指引为基础，更需要实践的验证与创新。本书期望为教育工作者、课程设计者以及政策制定者提供系统性的方法论启示，助力义务教育朝着更加科学化、人本化的方向迈进。

尽管本书在编写过程中力求严谨与全面，但面对数智时代教育的快速发展与复杂变革，书中所提出的观点与策略不可避免地存在一定局限性。诚邀广大读者和专家学者批评指正，以推动思辨教育研究的不断深化和完善。愿本书能够为激发学生思辨潜能、助力实现全面发展提供有益参考，为教育的高质量发展贡献绵薄之力。

目 录

第一章　义务教育阶段教学概述 / 001

　　第一节　义务教育阶段的核心价值 / 001

　　第二节　义务教育阶段的教学目标与原则 / 015

　　第三节　义务教育阶段的教学内容体系构建 / 023

　　第四节　义务教育阶段的教学方法 / 027

第二章　构建义务教育教学的理论基础与框架 / 033

　　第一节　教育学相关理论 / 033

　　第二节　教育心理学基本理论 / 053

第三章　认识思辨能力 / 061

　　第一节　思辨与相关概念的关系 / 061

　　第二节　思辨思想的产生与发展 / 062

　　第三节　思辨能力的理论模型与构成要素 / 066

　　第四节　影响思辨能力发展的多元因素 / 071

　　第五节　思辨能力的测量与评估体系 / 073

第四章　义务教育阶段培养思辨能力的必要性 / 079

　　第一节　义务教育阶段学生思辨能力发展水平 / 079

　　第二节　义务教育阶段学生思辨能力培养的紧迫性 / 083

　　第三节　课程教学对于思辨能力培养的独特作用 / 091

第五章　课程教学中思辨能力培养的策略　/　095

　　第一节　教学理念与目标的革新　/　095
　　第二节　教学方法与步骤的优化　/　100
　　第三节　课程创新与教材的二次开发　/　117
　　第四节　发挥教师在课程教学中的作用　/　122

第六章　义务教育教学中的思辨能力培养策略——以英语教学为例　/　129

　　第一节　义务教育阶段英语教学内容概述　/　129
　　第二节　英语知识教学中的思辨能力发展策略　/　137
　　第三节　英语技能教学与思辨能力的协同发展　/　165

参考文献　/　195

第一章 义务教育阶段教学概述

第一节 义务教育阶段的核心价值

一、教育价值取向定位的基本维度

人们对于教育价值的追寻从未止步，关于教育价值取向的终极奥义也始终未能达成一致。古希腊哲学家柏拉图（Plato）所著的《理想国》，法国启蒙思想家、教育学家、哲学家让-雅克·卢梭（Jean-Jacques Rousseau）所著的《爱弥儿》以及美国哲学家、社会学家、教育学家约翰·杜威（John Dewey）所著的《民主主义与教育》，这三部教育著作被西方学者称为"不朽的教育瑰宝"，分别表达了三种教育价值取向。

尽管时代变迁，但是研究教育价值取向仍然难以回避这三位学者开辟的"思考道路"，本节将对这三种教育价值取向加以阐述，并结合这三种思想确立教育价值取向的基本维度。

（一）国家本位教育价值取向

柏拉图的《理想国》一书中不仅阐释了柏拉图的政治理想，还充分表述了柏拉图眼中一个理想国所需要的教育设计。

1. 柏拉图的政治理想

柏拉图认定的理想国家是一个由正义原则构成的理想城邦，所有人都是为了生存的需要聚在一起，合理的社会分工为每个人提供生存所需要的职位。这样的一个理想城邦有着共同的发展目标"追求一种国家主义的整体幸福"。[1]

---

[1] 邢立军.幸福乌托邦的终结：国家主义幸福观及其解构[J].社会科学战线,2010(5)：33-38.

柏拉图认为，在一个理想的国家之内所有人民都可以感受到幸福，这种幸福的来源是正义本身。因此，要想建构起理想国，就需要追寻真正的正义。柏拉图为了找到理想的正义，曾经在《理想国》一书的开篇，展开了苏格拉底式的谈话，试图寻找正义的真谛。[①] 城邦最重要的就是找到城邦的护卫者，护卫者主要分为两种：一种是城邦的最高统治者，另一种是作为辅助者的执行者。这两种人可以合作，为城邦指引正确的方向，并且共同维护城邦的安全。柏拉图认为，只有找到城邦的正义，才能真正找到个人的正义；构成城邦的三种美德分别是智慧、节制和勇敢，而正义则是一种可以维持这三种美德发展的根本原则。因此，柏拉图想要建立一个以正义为根基的城邦，也就是所谓的理想之国。

柏拉图心目中的理想之国可以避免人类正在面临或者即将面临的种种灾祸，这样的理想之国需要按照他所设计的教育方式培养专门的人才。

2. 柏拉图理想国的教育设计

在柏拉图心中，教育对于国家来说至关重要，国家需要全面接管与教育相关的一切事务。这种做法旨在通过教育为理想国提供高素质的人口，并且教育能够为理想国培养引领国家方向的"哲学王"。柏拉图为理想国的教育所制定的总的原则和纲要的大意，就是用音乐和体育这两种技术"使爱智和激情这两部分张弛得宜配合适当，达到和谐"。[②] 紧接着，柏拉图设想出了一个贯穿人一生的学校教育体系，具体如表1-1所示。

表1-1 柏拉图设想的学校教育体系

阶段	年龄段	教育机构	教育内容	选拔和职业要求
第一阶段	出生至7岁	养育所	基础教养	符合法律的子女入所，由专人负责
第二阶段	7～12岁	初等学校	阅读、书写、计算、音乐	无选拔要求
第三阶段	12～16岁	体育学校	体育锻炼	无选拔要求

① 柏拉图.理想国[M].郭斌和，张竹明，译.北京：商务印书馆，1986：133.
② 柏拉图.理想国[M].郭斌和，张竹明，译.北京：商务印书馆，1986：123.

续表

阶段	年龄段	教育机构	教育内容	选拔和职业要求
第四阶段	17～20岁	高等学校	军事教育、文化科目	无选拔要求
第五阶段	20～29岁	学校深造	理性与军事操练，筛选卫国人才	军事能力优异且理性平凡者加入卫国工作，理性高超者继续深造
第六阶段	30～35岁	学校哲学深造	哲学与真理研究	理性特别高超者继续深造，成为未来的治国精英
第七阶段	35～50岁	社会实践	军事指挥、适合青年人的工作	积累治国经验，培养正义品格
第八阶段	50岁至终世	执政预备	国家治理、继续深造	理性纯正者成为执政候选人，承担政务和教育职责

根据表1-1可知，柏拉图的这一教育体系是以一种循序渐进的形式培养学生的各项能力的，同时，这一教育体系又包含了严格的筛选机制，通过层层选拔，确保筛选出具有"国家护卫者"潜质的人才，并找到适合成为真正的哲学家的人才。

根据柏拉图对构建理想国所需要的教育设计可知，柏拉图认定的教育根本性价值是一种国家本位教育价值取向。具体而言，教育不仅是知识的传授，更是发现、培养和塑造个体理性与德行的过程。国家教育体系不仅具有培养人才的作用，更关键的作用在于提供全面、严格的筛选与训练机制，将真正具有高超理性的人放至国家的最高领导层，最终使国家和公众获得真正的幸福与福祉。

柏拉图的假定就是，国家首先并主要是一个教育机构。[①] 良好的教育可以构成理想的国家，教育也应该为国家创造一个可以为全体公民追求幸福的可能性。这是一种以国家整体利益为最终追求的价值取向范型，也是一种典型的认识和思考教育价值取向的理论范式。

---

① 萨拜因，岳麟章.柏拉图的《共和国》[J].政治研究，1986（1）：93-101.

（二）个人本位教育价值取向

1. 卢梭的社会思想

对18世纪的法国影响最为深远的思想家首推卢梭。深入探究卢梭教育思想的第一步，就是了解卢梭的社会思想。要想理解卢梭对于社会的整体政治构想，后人需要翻看《论科学与艺术》《论人类不平等的起源和基础》以及《社会契约论》才能窥见一二。

"很少有人比卢梭更深切地与社会不和。"[①] 这句评价大概是卢梭会有个人本位教育价值取向的关键原因。卢梭对文明社会持一种批判的态度，认为所谓的文明社会中包含着对个人独立性和自由的抑制，文明并没有带来真正的社会进步；相反，人类的思想不再是个体的独立判断，往往会受到外在约束，因此人往往会受制于社会的规约与舆论的压迫。[②]

在《论科学与艺术》一书中，卢梭明确表达了对现代文明的质疑，认为现代社会的礼节和风气让人们逐渐同质化，在这个社会环境中人们会逐渐失去真实自我，变成社会期望的角色，而受到环境束缚的人们是以一种"虚伪的方式"去履行社会角色的，并没有释放出真正的自我。[③]在《论人类不平等的起源和基础》一书中，卢梭沿袭了《论科学与艺术》中对于文明社会的批判。卢梭对比了人类从原始文明发展至现代文明的特征，原始的"野蛮人"过着无拘无束的简单生活，但是现代文明人却受不平等关系的束缚，这为人类带来了更多的束缚与不平等。[④] 这种不平等源自人类相互依赖的关系，其发展经历了三个阶段，如表1-2所示。

---

① 陈乐民.论卢梭[J].读书，2008（4）：3-9.
② 沃林.政治与构想：西方政治思想的延续和创新[M].辛亨复，译.上海：上海世纪出版集团，2009：392.
③ 卢梭.论科学与艺术[M].何兆武，译.北京：商务印书馆，1963：9-10.
④ 卢梭.论人类不平等的起源和基础[M].李常山，译.北京：商务印书馆，1962：112.

表 1-2　卢梭关于不平等发展的三个阶段性分层

阶段	标志性设立	社会分化	影响
第一阶段	法律与私有财产的确立	富人 vs. 穷人	社会出现了经济不平等，财富成为划分阶层的标准。个体的自由受到私有财产的限制，贫富差距逐渐扩大
第二阶段	官职的设立	强者 vs. 弱者	权力结构形成，职位高低决定人们的地位。官职进一步强化了社会不平等，个体依赖权力体系，丧失自我主张
第三阶段	专制权力的产生	主人 vs. 奴隶	社会权力高度集中，个体完全失去自由。专制体制剥夺了人们的平等权利，幸福感减少，人类陷入对外在权力的依赖和各种束缚之中

从表 1-2 中可以清晰地认识到，卢梭是如何看待人类不平等的三个阶段的，以及他对人类从自由平等走向依附与压抑的过程和随之带来的幸福感丧失的看法。[1]

卢梭社会思想的核心在于重申人类回归自我、追寻本性的必要性。关于如何达成这一目标，他在《社会契约论》一书中，试图通过重构社会契约来实现公民自由与共同体利益的平衡。"人是生而自由的，但却无往不在枷锁之中。"[2] 这是卢梭《社会契约论》的开篇名言，揭示了他对社会不平等和人类自由的深刻思考。卢梭认为，个人需要将全部的权力和权利，交付给一个具有道德人格的共同体，即"公意"。这种"公意"代表全体人民的利益，因为服从公意即服从"人民"，即服从自身意志。卢梭认为，这种契约可以消除人们之间的奴役关系，保障每个人在社会中始终是平等且自由的。[3]

卢梭的这三本关于社会思想的著作都反映出卢梭并非极权主义，他强调通过契约为社会构建一种道德共同体，生活在这个社会中的每个个体都受契约的约束，并且每个个体都能够获得独立的价值和自由的生活方式。卢梭的《爱弥儿》一书与《社会契约论》的出版时间只相差一个月，这本书中卢梭的

---

[1] 卢梭.论人类不平等的起源和基础[M].李常山，译.北京：商务印书馆，1962：108.
[2] 卢梭.社会契约论[M].何兆武，译.北京：商务印书馆，2003：4.
[3] 卢梭.社会契约论[M].何兆武，译.北京：商务印书馆，2003：4.

核心思想与《社会契约论》思想一脉相承,他的教育设计主要是针对个体的,尝试探讨的是如何培养符合自然人性的独立人格,以摆脱文明对个体的束缚等问题。

2. 卢梭的个体教育设计

《爱弥儿》是卢梭表达教育思想的巅峰之作,这部作品展现了卢梭理想中的"自然人"教育方案,其主要展示如何培养出一位"既拥有文明人一切优点,又不受其邪恶污染"[①]的人。《爱弥儿》共有五卷,卢梭在书中勾画了一个教育计划,主要内容涉及教育者应该如何完全按照人类自然发展进程而设计的教育过程,具体如表1-3所示。

表1-3 《爱弥儿》中提出的教育计划

教育阶段	年龄段	教育目标	教育内容	教育方法与理念
婴儿期	出生至2岁	满足基本需求,建立最初关系	满足身体和活动自由的需求,避免形成驾驭他人的想法	教育从生命开始,尊重自然,限制欲望在能力范围内
幼儿期	2～12岁	保持天性,避免道德和智力的过早灌输	强调"消极教育",防止错误观念和罪恶	消极教育,以保护心灵的纯净,防止沾染社会恶习,激发自然兴趣
少年期	12～15岁	开启理性,激发自然学习欲望	注重自然界学习,不涉及道德和社会习惯	通过实际事物引导自主学习,培养学习能力而非进行知识积累
青春期	15～20岁	培养情感和道德意识,发展良知	引导自然欲望,进行情感和道德教育	平衡自爱与人类之爱,结合政治与道德研究,增强社会责任感
成年期	20岁以上	面对两性与社会关系,保持内心自由	通过游历和爱情探讨社会和两性问题	强调内心自由,自主选择,成为契约社会的独立个体

根据表1-3可知,卢梭对"爱弥儿"这一虚构的学生形象提出了教育计

---

① 卢梭.爱弥儿[M].李平沤,译.北京:商务印书馆,2017:54.

划，展现出"爱弥儿"不同成长阶段的教育方法与目标。① 从婴儿期到成年期，卢梭通过自然发展的教育过程，培养既具备独立意志又符合社会契约需求的"自然人"。

卢梭的教育思想为现代教育精神奠定了基础，是一种完全不同于柏拉图的认识和思考教育价值取向的理论范式。卢梭提出，"文明人如何不回归自然状态，也不抛弃社会便利，重新获得自然人的好处"。② 卢梭始终尝试探寻一条如何在文明社会中保留自然状态的幸福与自由的路径，最终卢梭对这个问题的解答是"教育"。卢梭坚信教育可以帮助人们认识并恢复自然本性，这是在文明社会中保留自然状态的方法，甚至可以说是唯一法则。

卢梭是教育史上首位将"个人"置于教育核心的人，他指出了个人价值对人类社会的重要意义。③ 卢梭强调教育要以儿童的自然天性为出发点，教育的最终追求是培养出具有理性和自由精神的独立个体，这一价值观念也成为现代教育的基调。卢梭的教育思想是"个人本位的教育价值取向"，他从对社会、对个人天性的压制的批判开始，追求解放和发展的教育理想，确立了一种以个体的独立与自由为核心的教育理念。

（三）社会本位教育价值取向

1. 杜威的社会思想

杜威的社会思想更关注社会中的集体与个人的关系，他尝试着通过一些可以验证的假设指导人们解决现实中的问题。④ 这种社会思想可以从杜威的《哲学的改造》一书中窥见一二。杜威对社会的理解与之前的哲学家不同，他认为社会就是由多样化、相对独立的群体松散构成的集合体。群体内部成员有互动合作，也会因为各自立场、利益、需求和目的的不同，而产生冲突，这种冲突就是社会冲突，而不是简单的个人与社会的对立。

杜威坚持的民主社会理念与柏拉图、卢梭一样，都是一种针对如何才能

---

① 卢梭.爱弥儿［M］.李平沤，译.北京：商务印书馆，2017：327.
② 卡西勒.卢梭问题［M］.王春华，译.南京：译林出版社，凤凰出版传媒集团，2009：17.
③ 卢梭.爱弥儿［M］.李平沤，译.北京：商务印书馆，2017：3.
④ 杜威.哲学的改造［M］.许崇清，译.北京：商务印书馆，1989：101.

保障人类幸福这一问题而作出的对理想社会的设想。换言之，可以说杜威的社会思想也是一种"乌托邦"式追求，只不过杜威追求的民主社会不同于柏拉图追求的那种永恒不变的正义国度，也不是卢梭宣扬的那种以个体为中心的契约社会，而是一种在不断变化中追求开放、进步的民主社会。杜威为了帮助人们更好地认识并改造现实社会，提出了一种价值指导原则。他强调，民主不应被狭隘地理解为一套政治程序或机构，而应是生活方式上的理想追求，超越了普选、政府治理等传统概念。[①]

杜威对于传统的社会哲学持批判态度，他曾经就"社会有机体说"发表了自己的看法。杜威批判了那种将抽象的理论分析置于对实际社会情境的具体分析之上的方法，认为这种做法会导致研究者忽视个体的具体冲突和社会现象，而理论则沦为现有社会秩序的辩护工具。[②] 杜威心目中的民主是一种联合生活、共同分享经验的模式，这种民主模式不仅提升了社会的整体福祉，还促进了个人的全面发展。

杜威民主社会的观念主要延伸出两个标准：一是社会中共同利益的多样性与重要性，二是群体之间的自由互动性。两个标准最终都是导向相同的方向，即杜威的民主理想并非一个静止的状态，而是一个开放、进步的动态过程，是一个不断趋向民主的目标发展。[③] 杜威的民主社会思想，影响了他心目中的教育设计。

2. 杜威的教育设计

杜威认为，教育不仅是个体获得知识的途径，更是民主社会实现其价值观和发展目标的首要工具。教育是最基础、最关键的工具，个体通过教育能够理解、接受并内化社会所珍视的价值观，进而形成独立的思考、观察、判断和选择能力。

越是追求进步的民主社会，教育在其中的作用就越不能被忽视。社会发展所必需的是人与人之间、群体与群体之间的情感和思想交流，教育的设计与实施需要研究者的深思熟虑。杜威也在他的著作《民主主义与教育》中针

---

① 杜威.哲学的改造[M].许崇清，译.北京：商务印书馆，1989：102.
② 杜威.哲学的改造[M].许崇清，译.北京：商务印书馆，1989：103.
③ 杜威.民主主义与教育[M].王承绪，译.北京：人民教育出版社，1990：88.

对这一问题,进行过深入的探索。《民主主义与教育》是教育领域的经典之作,是关心教育和社会发展的人士的必读之书。以下是杜威的教育设计的主要内容,以表格形式总结,具体如表1-4所示。

表1-4 杜威的教育设计的主要内容

教育设计要素	内容
教育目标	以促进个体全面发展和社会进步为目标,教育的核心在于个体的成长与自我实现,最终推动民主社会的实现
教育方法	强调经验的改造和反省,注重个体在实际生活中通过体验和反思而形成的知识和技能,认为教育者应避免单纯的知识灌输
教育内容	教育内容应根据社会需求和个体发展需要而设置,要注重知识的多样性和与生活的相关性,注重知识的实际应用价值
学习环境	提倡学习环境应接近真实生活情境,让学生通过实际问题解决和探究,提高自主性和社会责任感
师生关系	主张平等、互动的师生关系,教师应成为引导者,鼓励学生独立思考和积极探索,而非权威性知识的传授者
学生主体性	强调学生是学习的主体,教育要尊重学生的兴趣和个性,注重培养学生的主动性和自主学习能力
经验的作用	教育过程以经验为中心,重视学生在实践中积累和改组经验,通过反思性经验实现知识的深入理解和能力的提升
教育的连续性与整体性	反对二元对立,重视教育内容的连续性和整体性,认为教育应帮助学生形成贯通性的知识和技能,避免学生产生片面和分离的认知
教育与社会的关系	教育应反映和推动社会的变革与进步,培养学生适应社会发展的能力,同时要帮助学生批判性地看待社会现状
评价方式	倡导多元化评价方法,关注学生的全面发展和个性成长,避免单一的分数和标准化测试,注重个体的成长过程和进步

根据表1-4可知,杜威强调的教育设计,是一种以个体成长、社会进步和民主实现为核心的教育理念。从整体的角度看杜威的教育设计,他强调在教育过程中通过体验、反思等环节,培养学生的自主性与社会责任感,促进学生的全面成长,提高学生对社会的适应能力。这是一种将教育与社会需求和个体发展紧密结合、推动民主社会实现的教育设计。

(四)三种教育价值取向类型的核心特征与启示

1. 三种教育价值取向类型的核心特征

(1)国家本位教育价值取向类型的核心特征与启示——以柏拉图为代表。柏拉图的教育体系实际上体现了一种深刻的国家利益导向。这种国家本位教育价值取向是以培养精英人物为教育的核心目标的。在柏拉图的教育设计下,理想国的实现不仅需要建立全面的国民教育制度,更需要通过这种制度筛选出具备理性和德行的少数精英——"哲学王",作为国家的最高决策者。这种筛选"哲学王"的精英导向教育体系,需要国家全面掌控教育,建立严密的课程体系和多层次的选拔机制,培养并且选拔出合适的人才,引领国家走向幸福与和平。

显而易见,这种教育价值取向是为了甄别和培养治理国家的精英,迎合了精英人物的极端需求。这种"乌托邦"式的"哲学王"理念,虽然有着明显的乌托邦色彩,但是也给现代教育带来了深刻启示:教育既可以促进个人的发展,也可以助力于国家利益的获得。教育有甄别与选拔的功能,这可以用于培养各领域的顶尖人才,如科学家、企业家、工程师等,这些现代的精英人物同样肩负着引领国家发展、促进社会进步的责任。

(2)个人本位教育价值取向类型的核心特征与启示——以卢梭为代表。从卢梭的个人本位教育价值取向可以看出,卢梭试图找到一种理想的教育方式。他心目中理想的教育方式,应该是一种可以充分发挥人的天性的教育,卢梭特别强调,教育可以避免人类的善良天性不被腐化的社会侵蚀。卢梭认为,如果是好的社会制度,社会环境可以自然地影响个人,个人将放弃自身的绝对存在,转而成为集体的一部分。这不是说社会会强迫个人放弃自身的独立性,而是社会与个人之间达成相对平衡的方式。一个真正良好的社会必须由那些在内心已经获得独立与自由的个体构成,只有这样才能建立平等和自由的秩序。卢梭将教育作为一种手段,他希望自然教育可以培养出新一代的理想公民,社会也因为理想公民的出现而变得更好。

卢梭试图通过教育培养理想公民,进而改造社会,这种思想带有明显的乌托邦色彩,但他并非脱离现实。卢梭提出的自然主义教育原则,正是源于他对社会的深刻反思——他认为如果想让个体免受社会的腐化影响,就需要效法自然，让个体尽可能远离恶劣的环境。因此，面对社会现实中切实存在的诸多不良因素，教育对于人的培养作用不可忽视，换言之，教育者应该在社会中充分发挥教育的作用。

卢梭从根本上否定了现实社会，以强调教育的纯粹性。这种批判是"反弹琵琶"式的，他借助这种批判，将自己的教育思想寓于其中：教育理想的本质在于培养出具有理性和自由精神的独立个体，这种教育价值也成了现代教育的核心追求。卢梭的警觉意识使他成为现代教育思想的开创者之一。卢梭深刻地洞察到，教育必须关注理性和自由这两大要素，才能确保个体的独立性。

（3）社会本位教育价值取向类型的核心特征与启示——以杜威为代表。杜威的教育思想受到其社会本位价值取向的影响，杜威在《民主主义与教育》中频频批判二元论，他认为那些不利于经验发展的二元论是教育中"无所不在的敌人"。这种二元论会导致教育中出现各种对立，包括目的与手段、兴趣与训练、内在价值与外在价值的对立等。杜威的教育思想容易招致其他学者的指责，主要是"教育工具化论"和"儿童中心论"两种相互对立的批评。

然而，杜威被称为"现代教育之父"并非过誉。教育本身就是一种基本的社会生活方式，这一点曾经在杜威的《学校与社会·明日之学校》一书中有明确的表述，他认为"教育是生活的过程，而不是将来生活的预备"[①]。教育要以探索儿童的能量、兴趣和习惯为起点，最终要达成个人的发展和社会的进步相统一这个目标。教育既是为了儿童个体以及当下的社会而服务，又是为了儿童与社会的未来做必要的准备。

2. 三种教育价值取向类型的启示

以上三种教育价值取向，都是与特定时期的社会理想紧密相连的。因此，没有社会理想谈教育价值是不切实际的，也是不准确的。当然，柏拉图、卢梭和杜威对教育价值的追求都存在明显的理想化特征，即他们的教育价值追求更多是一种"乌托邦"式的追求。

柏拉图想要建设他的"理想国"，因此，他将国家和个人视为一体，以

---

① 杜威.学校与社会·明日之学校［M］.赵祥麟，任钟印，吴志宏，译.北京：人民教育出版社，2004：28.

国家的整体利益替代个人的特殊利益，他只强调了教育对于社会发展的重要性，无形中忽视了个体多样化发展的需要。按照柏拉图的教育价值取向，教育的终极价值就是为建设理想国而服务，即教育以及人的价值的高低，完全依附于对满足国家整体需要的贡献程度。卢梭的教育价值取向似乎是与柏拉图背道而驰的。卢梭似乎试图建立一个"真空的社会"，这个社会中每个人都在追求个人的自由和幸福。卢梭企图借助教育，在这个"真空的社会"中培养出独立的个人，并使其最终能在现实社会中自由发展。杜威关注到了个人和社会的有机联系，他的教育理想就是致力在教育中恢复个人和社会之间本来就具有的天然性内在联系。然而，杜威并没有考虑到社会对教育所施加的功能性影响，忽视了社会可以对教育实践发挥出巨大影响这一事实。

柏拉图、卢梭和杜威三人的教育价值取向都是基于他们不同的社会理想的，于是他们也提出了迥然不同的教育价值范式。可以通过一个表格更为直观地审视三种教育价值取向"理想类型"的核心特征，如表1-5所示。

表1-5 三种教育价值取向"理想类型"的核心特征

价值取向 类型	国家本位价值取向型 （柏拉图）	个人本位价值取向型 （卢梭）	社会本位价值取向型 （杜威）
思考起点	国家	个人	社会
主体代表	政府	学生、家长	学校、社区、相关利益群体
价值标准	实现国家整体利益	个人独立与人性完善	推动人类社会的民主进步
教育性质	国家事业：实现政治共同体整体利益	私人事业：遵循天性，自我发展	社会事业：促进联合生活的扩大
教育管理	政府全权负责	个人和家庭自主选择	相关群体成员共同参与管理
教育功能	基于普及教育，重视国家利益，筛选与培养精英	促进人格健全，重视独立、理性、平等、自由	促进成员沟通与联合生活，提高社会生活质量
实践特征	强调公共权利控制：强制性、划一性	强调个人权利保障：自主性、多样性	强调群体权利保障：协商性、多元性

续表

价值取向类型	国家本位价值取向型（柏拉图）	个人本位价值取向型（卢梭）	社会本位价值取向型（杜威）
合理性	国家是秩序保障，为个人和群体利益提供制度支持	理性独立是个人幸福和社会进步的根本基础	社会民主进步既是个体发展保障，也是整体利益基础
局限性	全体利益可能会被异化为特定利益，过度强调它可能会湮没个体需求	把国家与社会视为压抑的对立面，易转变为个人主义	忽视国家的独立影响，需厘清教育需求的合理性与限度
思维方法	整体主义：国家即个人和社会，国家利益即个人利益最大化	个人主义：个人是国家和社会的基本单元	关系主义：社会是共同利益的自由联合体

尽管这三种教育价值取向各不相同，并且都已经成为历史产物，但是这三种教育价值取向并未在现代社会中失去价值。相反地，这三种教育价值取向仍然对现代教育的健康成长起到了重要的指导作用，特别是对于我国义务教育阶段学校教育的核心价值观有着重要的指导价值。

柏拉图的教育价值取向的起点是国家，他对于教育的需求可以体现出对经济发展、政治稳定、意识形态维护和文化传承的诉求。这种价值取向为国家赋予了在教育活动中开展指导的合法权利，这是一种明显的"国家化"倾向。卢梭则强调个人天性的发展，他认为个人发展与国家或社会的整体需求并非完全绑定的。教育如果仅为国家和社会服务，就很容易使个人需求被忽视，抑制个体的生命力、兴趣和自我实现的可能性。他的"回归自然"思想引导了他的教育价值取向，即教育应该关注学生的人格独立、理性和自由精神的培养，避免教育完全服务于国家或社会的需求。杜威关注社会和个人之间的关系，他重新梳理了二者的关系，认为它们并非对立的。社会是由个体构成的联结体，在民主化的社会环境中，个人才能充分发展，而个体自身的成长也有助于社会进步。教育的价值在于教育者采用民主的社会精神改造现有教育实践，促进社会与个人的发展。

这三种教育价值取向综合了国家、个人和社会的立场，平衡了三者的价值合理性，形成了更为完善的教育价值导向，从而得以更好地引领现代教育实践的健康发展。

二、我国义务教育阶段学校教育的核心价值

想要论述我国义务教育阶段学校教育的核心价值，可以沿着本节中所提及的国家、个人和社会三个立场，从这三个维度来全面分析。国家、个人和社会三个维度既具有各自独立的价值取向，也是相互交织、相互融合的关系，并且最终形成了中国义务教育阶段学校教育的整体价值观。

从国家维度来看，中国义务教育阶段学校教育的核心价值，主要体现在教育是为了国家整体利益而服务的，教育可以起到促进社会经济发展、维护政治稳定和弘扬传统文化等作用。特别是自中华人民共和国成立以来，无论教育如何改革和发展，其中始终蕴含着国家本位价值取向，教育始终在国家建设中发挥着支撑作用。人们也可以从教育政策中看出，国家始终承担着确定教育方向、促进公平和满足现代化需求的功能。就义务教育而言，"国家化"的义务教育为了保障国家的长期稳定和整体利益，始终肩负着培养国家所需的合格公民和提高国民素质的任务。

从个人维度来看，中国义务教育阶段学校教育的核心价值，在于关注个人的全面发展，并且教育可以培养受教育者独立的人格。近几十年来，"以人为本"的教育理念逐渐兴起，越来越多的相关学者转而关注学生的天性和发展需求的教育。特别是在素质教育改革的背景下，义务教育更加注重学生的个性化发展、独立思考能力和创新精神的培养，确保学生在受教育的过程中保持自然的个性和内在动力。义务教育阶段学校教育不应仅仅服务于国家和社会，而应始终关注个人的幸福和自由。

总之，中国义务教育阶段学校教育的核心价值并非指向某一种单一的价值取向，而是试图在国家、社会和个人之间找到平衡点。这种多元化的教育价值取向，既满足了国家对教育的需求，又兼顾了社会的和谐进步和个人的自主发展。它为中国现代教育的健康发展提供了坚实的理论基础和实践导向。

第二节 义务教育阶段的教学目标与原则

一、义务教育阶段的教学目标

义务教育阶段的教学目标占有极其重要的地位。

（一）教学目标的含义

义务教育阶段的教学目标是对课程目标的进一步细化，为教师与学生明确教学所需要达到的预期结果，帮助人们定下适宜的教学目标，更有利于教师系统指导学生的学习过程。教学目标也是开展教育工作者教学评价工作的标准和依据，教育工作者需要根据既定的教学目标确定相关人员的完成情况，进行科学有效的评价，最终促使学生在知识、技能、情感、态度等方面实现全面发展。

教学目标可以按照不同的维度进行多种划分，如教学目标可以分为终极目标和直接目标。终极目标指的是学生将来参与社会活动时达到的综合素养，指向更加长远的未来需要。而直接目标是关于学生掌握实用的工具和方法，以适应当前学习任务的需要的目的。为了达成这两种目标，人们需要兼顾全面性和阶段性，教学目标不仅要满足短期教学活动的实际需要，还要为学生长远发展奠定良好的基础。

如果按照美国当代著名心理学家、教育家本杰明·布鲁姆（Benjamin Bloom）的分类模式，教学目标可以分为认知技能、情感技能和动作技能三大层面。[1] 这是一种被学校教育普遍认可并且接受的分类方式：认知技能目标侧重于知识的掌握，情感技能目标强调态度和价值观的发展，动作技能目标则侧重于学生的实践技能。这种目标分类方式所强调的学习目标不仅包括知识的传授与掌握，还兼顾了教育教学对学生的价值观和行为规范的干预，

---

[1] 赵勇，庞维国. 基于学习科学的有效教学：教学目标的设置与陈述[M]. 济南：山东教育出版社，2023：74.

甚至这种分类方式有利于促进义务教育阶段学生的个性发展。

教学目标分为显性目标和隐性目标两种，显性目标和隐性目标在教学过程中相辅相成。在教学过程中产生的可观察到的行为表现是显性目标，常见的显性目标包括学生对知识的理解和对技能的掌握等，可以说显性目标是教学活动的直接结果。隐性目标指那些尽管不易被直接观察到，但对学生的全面发展起着重要作用的目标。例如，态度、思想、责任感等，这些目标的实现水平不易判定，但是对学生的全面发展起着至关重要的作用。教育教学能够培养学生的责任感、合作精神和正确的价值观等，这些都是全面健康人格的重要组成部分，而且都是教师在隐性教学目标的指导下，才能逐步在教学活动中对学生进行培养的。

义务教育阶段的教学目标应具有具体性和可测性两个特点。教学目标的具体性是指目标内容明确，学生和教师在开展教学活动之前和教学过程中都能准确而清楚地了解预期的学习结果，这样教学目标可以作为教学活动的指导，并且及时监测教学活动的方向，便于教育工作者及时纠偏。可测性要求教学目标具有可评估的标准，以便教育工作者更精准地对标、评估教学效果。

总之，义务教育阶段的教学目标在课程设计、教学活动、评价标准等方面均发挥着不可或缺的作用。完善的义务教育阶段的教学目标，应包含明确的内容规格，并使用规范的术语来描述学习成果。义务教育阶段的教育工作者必须考虑到一点：教学目标不仅是传授知识和技能，更重要的是引导学生的情感、态度和价值观。只有具备这些特点的教学目标，教师才能更有效地组织教学活动，学生也可以在目标的指引下明确努力方向，逐步达到预期的学习效果。这种完善的学习目标体系不仅能有效促进学生的全面发展，让学生掌握基本的学科知识和技能，还能强化学生健康的心理素质和社会责任感，为学生今后的发展打下坚实的基础。

（二）教学目标的功能

教学目标的功能是通过明确的学习预期，为定向、内容选择、计划和绩效评估提供依据和框架，具体如图1-1所示。

```
教学目标的功能 ┬─ 定向功能
              ├─ 选择功能
              ├─ 计划和行动功能
              └─ 评价功能
```

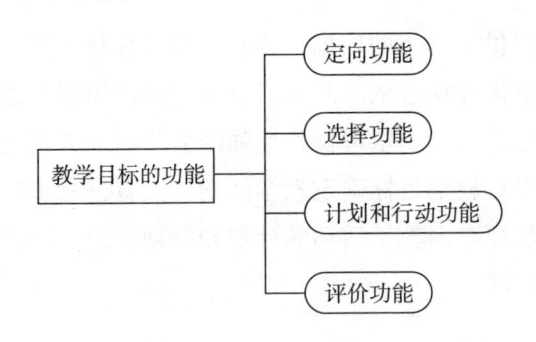

图1-1 教学目标的功能

1. 定向功能

教学目标的定向功能，主要体现在具体的教学实践中，教师可以对教学活动开展具体的方向性指导。定向指的是教学目标可以对应教与学活动的最终结果，有助于师生在课程和教学活动中保持一致的方向。教学目标的定向功能，也使教学目标在整个教学过程中发挥出了宏观调控的作用，教学目标可以确保教学的每个环节、每个阶段都是以教育的总体目标为导向的。这一功能在义务教育阶段尤为突出，教学目标必须符合国家教育方针和学生全面发展的需要，并且为教师开展教学活动提供长远的方向性指导。

2. 选择功能

教学内容和教学行为的选择标准是受教学目标影响的，这也能体现出教学目标所具备的选择功能。课程和教学对促进学生认知和行为的改变具有重要作用，这是教学活动的立足点。过去，有部分学者简单地将教学活动的目标等同于传授知识，这是一种错误的观点。教师应能够有针对性地选择符合学习要求的知识和技能内容，依照明确的教学目标来指导学生学习内容和行为的培养，确保教学过程的有效性和高效性。例如，教师在某一课程单元中，依照教学目标筛选出最符合某一阶段学生需要的教学内容，并依照教学目标优化教学资源的分配。

3. 计划和行动功能

教师之所以可以制订出合理的教学计划，是因为教学目标具有计划和行动的功能，教学目标有助于教师更加科学地安排课程内容和教学方法。教学目标为课程设计提供了具体的依据，让教师在选择与安排课程内容、教学活动和教学方法时更加有据可依。教学目标为教师组织课程的内容提供了基本框架，教学目标也为教师制定可操作性强的教学活动方案奠定了基础。具体而言，教师可以根据教学目标确定教学活动，接着进一步制定出每节课教学活动的具体步骤和要求。教学活动的计划和行动功能可以确保教学活动按照合理的计划有序进行。

4. 评价功能

教学评价的重要性无须过多阐释，教学目标的评价功能在教育实践中起着关键作用。教师根据教学目标可以明确学生应达到的具体认知和行为标准，并且可以从教学评价中获得具体的参考依据。相反地，根据评价学生的结果，教师也可以了解到学生在认知和技能方面的成就，提升教学的效果和效率，从已有的教学活动着手对照教学活动，从而调整教学策略。简单来说，教学目标的评价功能可以为教师提供教学反馈，为教师进行教学反思提供必要的素材，同时可以为学生对照自身的学习情况提供更加准确的参照，明确学生的改进方向。

从对教学目标功能的相关论述不难发现，教学目标涵盖了教学的各个方面，为教学活动提供了明确的方向、内容选择的标准、操作框架和评价的客观依据。

（三）教学目标取向的四种基本形式

义务教育作为基础教育的重要组成部分，其教学目标既要满足学生自身全面发展的需要，又要满足国家、社会和个人对教育的期望。关于义务教育阶段教学目标的定位，大致可以分为普及性目标、行为性目标、生成性目标和表现性目标四种基本形式。

1. 普及性目标

普及性目标往往兼具宏观性与不确定性特征，这主要是因为普及性目标是由国家教育政策和社会伦理道德而确定的。比如，"培养德智体美劳全面发展的学生"教育目标，就是一个义务教育阶段的普及性目标。这种普及性目标为义务教育提供了一个明确的方向，同时也确立了统一的价值导向，使全国各地的教育活动具有一致性，但是其内容更为宏观，这种目标在具体实施时往往存在可操作性较低的情况，在实际教学中不同的教师对于普及性目标也容易产生理解上的差异。

2. 行为性目标

行为性目标是义务教育阶段教学目标必不可少的一种基本形式。义务教育阶段的课堂教学应该是兼具理论性与实践性的，因此，教师需要以清晰、具体和可行的形式呈现教学目标。这种行为性目标应该规定学生在学习中应达到的具体行为和结果，以便教师直接衡量学生的学习效果。例如，义务教育阶段的数学教学行为目标，是培养学生掌握基本的运算技能和解题技巧。英语教学的教学行为目标，则是在教师的引导下，学生逐步掌握阅读、理解、书写和表达的技巧与能力。这种明确、具体、易于遵循和评估的行为性目标利于教师更好地规划教学活动，并能使教师更有效地评估学生的进步。

3. 生成性目标

义务教育阶段也是一个人在生理、心理上发展的关键阶段，在这个阶段生成性目标是一种可以促进学生全面发展的教学目标。教师根据教学过程中的实际情况建立生成性目标，其引导教师创设师生互动和教学情境，进而促进学生发展自己的自主性和思维能力。比如，教师可以在课堂上感受到学生对教学内容的关注后，鼓励学生根据自己的兴趣或课堂上的问题进行探究，教师也应注重在这个环节中逐步创设新的生成性目标。生成性目标具有极强的灵活性，需要教师在具备较高的专业能力后，在课堂上抓住时机培养学生的探索精神和创新能力。

4. 表现性目标

义务教育阶段，教师不应该仅仅关注学生统一的行为结果，更要关注学生在具体情境中所获得的专属于自己的个体成就。这是教学目标中必不可少的基本形式之一，表现性目标的指向说明教学活动不应该仅仅强调标准化，而是要更多地关注学生的个性化和差异化发展。学生之间存在个体差异性，教师要引导学生找到自己擅长的学习领域，也应该有能力、有机会在课程活动中展示自己的个性。特别是在美术、音乐和体育等科目中，学生有更多机会展现自己的风格和创造力。

普及性目标、行为性目标、生成性目标和表现性目标，是义务教育阶段教学目标取向的四种基本形式。教育工作者需要有机结合这四种形式，完成义务教育的核心任务，即为学生的终身发展奠定基础，满足社会的多样化需求。

二、义务教育阶段的教学原则

义务教育阶段的教学原则受价值取向的影响。为了实施义务教育教学，教育工作者需要为全体学生提供全面均衡发展的机会，以满足国家、社会和个人的教育需求目标。义务教育阶段的教学有诸多教学原则，以下是义务教育教学的八大主要原则，如图1-2所示。

义务教育教学的八大主要原则：
- 全面发展原则
- 因材施教原则
- 学以致用原则
- 启发性原则
- 循序渐进原则
- 理论联系实际的原则
- 尊重主体性原则
- 重视心理健康和情感发展的原则

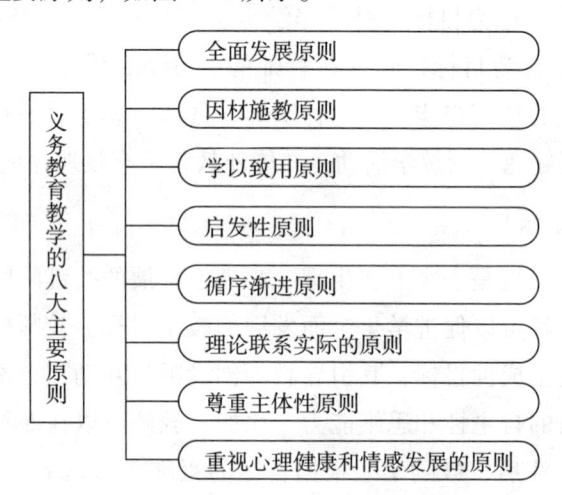

图1-2 义务教育教学的八大主要原则

（一）全面发展原则

义务教育的首要目标就是实现学生德智体美劳的全面发展。义务教育教学的主要内容是传授学生基础知识和基本技能，但是教学的目标不能局限于此。义务教育阶段的教育目标在强调知识的重要性的同时，还需要教育工作者注意提高学生的思想品德、身体素质和审美能力。全面发展原则要求教育工作者，特别是教师，要在教学过程中将传授知识和培养素质两大重点有机地联系起来，教育教学都是为了学生的身心、认知、情感等方面得到协调发展，义务教育要为学生今后的发展打下坚实的基础。

（二）因材施教原则

因材施教原则，是指教师不能忽视学生的个性，教师的教学方法和内容都要适应学生的个性特点、兴趣爱好和能力差异。之所以要坚持因材施教原则，是因为处于义务教育阶段的学生在认知发展、学习能力和兴趣方面存在很大差异。教师必须关注并且尊重每个学生的个体差异，采用有区别的教学方法，满足不同学生的学习需求，充分发挥学生自己的潜能。教师坚持因材施教原则，不仅能帮助学生获得成功，激发学习动机，还能更好地支持学生的个性发展。

（三）学以致用原则

教学不应该仅仅停留在理论阶段，也不应该将教学活动局限于教室之中。教师应结合理论知识与实际应用，坚持学以致用原则，为学生提供应用与实践的机会，帮助学生理解知识的实际意义和应用价值。教师可以在教学中融入现实生活中的实例、实践活动和解决问题的任务，学生必须学会将所学知识运用到日常生活中，在掌握知识的同时培养解决实际问题的能力。这一原则既增强了知识的实用性和趣味性，还有助于强化学生与现实世界的联系。

（四）启发性原则

义务教育阶段是学生思维发展的关键时期，教师需要在这个阶段启发学生，培养他们的思维能力。教师在教学过程中，可以采取问题驱动、思维训练和探究式学习的方式，激发学生的求知欲和学习动机。教师坚持启发性原则，培养学生的批判性思维和创新意识，为学生的终身学习奠定基础。

（五）循序渐进原则

教学活动要遵循学生的认知发展阶段的规律，教师在设置教学内容和难度时，需要由易到难，由浅入深。义务教育阶段的教学应是循序渐进的，教师应按照知识、技能和学生接受能力的逻辑顺序，坚持循序渐进原则，这样可以避免学生因学习内容过于复杂而产生畏难情绪。

(六)理论联系实际的原则

理论联系实际的原则是义务教育阶段重要的教学原则，教师需要遵循这一原则，将理论知识与实际行动、实验活动和社会实践相结合，以提高学生的理解能力和解决实际问题的能力。

(七)尊重主体性原则

与传统教育的理念不同，现代教育强调学生的主体性身份，教育工作者必须尊重学生在学习过程中的自主性和主动性。这是一种对于师生身份关系的重新认识与关注，教师的身份不再是知识的传递者，而是学生学习路上的引导者和辅助者。教师坚持尊重主体性原则，需要在教学过程中鼓励学生发挥主观能动性和创造性。随着学生的学习兴趣和自我效能感的不断提升，学生的独立思考和自主学习能力也会不断提高。

(八)重视心理健康和情感发展的原则

本节中已经不止一次提及，义务教育阶段是学生成长与发育的关键期。这种成长不仅指的是学生的生理成长，更重要的是，这个阶段也是学生心理发展的关键时期。因此，教师不仅要关注学生的学习情况，更要关注学生的情绪管理、心理健康和人际交往的情况。作为引导者，教师要积极营造积极温馨的课堂氛围，在这样的氛围中教师可以为学生树立信心，引导学生抓住机会积极与其他人交流和合作，以此培养学生更加积极健康的心理品质。

义务教育阶段的教学原则既包括传授知识和技能，也包括关注学生的个性、心理和情感发展。这些原则共同指导着教学过程，为义务教育阶段的学生打下坚实的基础，培养他们成为能够适应未来社会需要的全面发展的公民。

第三节　义务教育阶段的教学内容体系构建

一、教学内容的含义

学校教学系统的核心要素就是教学内容，其中涉及各学科的特定的事实、观点、原理和问题，以及处理它们的方式。教学内容不能简单等同于知识体系，它涵盖的范畴更为宽广，是一个结构化的知识体系，其中包含了基于特定的教育价值观和学习目标，以及从学科知识、社会生活经验和学生个人经验中筛选出的相关知识和技能。这个结构化知识体系对于教师的意义也更为深远：教师不仅要将教科书中出现的基础知识教授给学生，更承担着培养学生认知能力、情感态度和价值观的任务。

由此可知，教学内容在教学活动中起着核心作用，是课程和教学设计、实施与评价的基石。一旦确定了教学内容，教师实施教学活动的其他环节就需要围绕着教学内容展开。教学目标是确定教学内容的依据，教学设计要围绕着教学内容进行布局和组织，教学评价用来衡量教学内容的最终实际效果。教学内容至关重要，甚至可以说决定着教学活动的方向和效果。

英国哲学家、教育家赫伯特·斯宾塞（Herbert Spencer）曾经提出"什么知识最有价值"的著名命题，美国著名教育学家、课程理论专家拉尔夫·泰勒（Ralph W. Tyler）又在《课程与教学的基本原理》一书中提出了"怎样选择有助于达到教育目标的学习经验"这一命题。[①] 这也说明，在课程与教学发展史上，教学内容的选择与安排就成了教学研究中的一个重要问题。根据教学目标选择教学内容，教学内容应该能促进学生的全面发展。一方面，教学内容有助于学生掌握知识和技能，还能将学生的个人经验与社会现实结合起来，使他们在学习中形成对自我、社会和人生的全面认识。另一方面，教学内容是课程与教学的基本要素，是师生在学习过程中交流与互动的载体。

---

① 靳玉乐.课程论［M］.2版.北京：人民教育出版社，2015：208.

二、义务教育阶段教学内容体系构建

课程与教学内容体系的构建，还要与课程和教学内容的基本来源相对应。课程与教学内容的基本来源分别是"学科的发展""当代社会生活的需求""学习者的需要"。相应地，课程与教学内容的基本取向是"学科知识""社会生活经验""学习者的经验"。

（一）课程与教学内容即学科知识

义务教育阶段的教学内容体系以学科知识为基础。义务教育阶段的教学内容中包含学科知识，教师要系统传授大量学科知识，帮助学生建立学科知识和学习技能的基本框架。课程和学习内容的主要来源是学科知识，其中应该涵盖事实、原理和知识体系等，这些知识也应该出现在相应教材上，教师讲授教材，学生跟随教师的教导，逐步掌握有组织、有系统的知识。

在义务教育阶段，学科知识是课程内容的基础，是教学内容的重要组成部分。说起学科知识，古往今来人们所认同的学科知识包含的内容是存在差异的。历史上，中国的教学知识体系是"六艺"（礼、乐、射、御、书、数），欧洲中世纪的教学知识体系是"七艺"（文法、修辞、辩证、算术、几何、天文、音乐），现代的学科知识是在保留了历史学科知识的核心内容的前提下，又增加了现代学科知识的综合体系。

义务教育阶段的教学内容，即学科知识，保留了知识的完整性、结构性和逻辑性的特性。教师往往通过学科知识读本进行系统的传授，学生则跟随教师，循序渐进、有条不紊地掌握知识。学科知识已经被系统化地安排在教学内容中，学生系统地吸收教科书中的知识，这些知识帮助学生建立起科学、文学和数学的基础知识框架，学生的逻辑思维能力和基本技能也能快速发展。

学科知识作为教学内容的主要组成部分，可以支持学生快速发展认知形成系统体系结构，但是如果教学内容仅仅局限于学科知识，教学就有可能表现出一些明显的局限性。这种以学科知识为主的教学内容，其关注点在于学科知识本身，教师在开展教学活动时容易忽视学生心智、情感和创新能力的发展。学生也会将自己的学习重心置于学科知识本身，学习与生活相脱离。

学生采取"读—记—查—改"的方式完成学习，将学习视为被动的任务，最终学生将缺乏自主性和兴趣。师生重视教材的教学就是对显性课程的重视，这会使师生忽视隐性课程的作用，隐性课程对学生的个性、情感和社会意识有着深远的影响。

从师生关系的角度看待这种以学科知识为中心的教学内容体系，也会发现其中的局限性。教师在教学中扮演知识"发送者"的角色，而学生则作为"接受者"被动学习。基于这种教学方式，教师是知识的"复述者"，会丧失课程开发的主动性，教师的教学重心也是学生是否学会了相关知识，教师会忽视甚至漠视对学生兴趣和创造性的开发与培养。对学生来说，以学科知识为中心的教学内容更多地成了学生的"任务"，学生的学习似乎也只是为了应付考试，而不是从自己的兴趣和需要出发，发展自己的潜在能力。因此，基于义务教育阶段的教学内容体系以及学科知识的现状，义务教育的教学内容需要引入更丰富的教学资源，包括生活经验、社会实践、隐性课程等。教师开展教学活动时，联系学科知识与现实生活，不仅可以提高学生对学习的兴趣，还可以培养学生解决实际问题的能力，甚至在特定情况下，教学内容可以增强学生的社会责任感。

义务教育课程内容体系将学科知识作为基础，其内容的系统性和结构性可以保证知识传授的科学性和规范性，为学生的知识积累奠定坚实的基础，学科知识在课程体系中发挥着重要作用。然而，其中的局限性不可被忽视，构建更加灵活、全面的义务教育课程内容体系，既是教育自身发展的需要，也是学生和社会发展的需要。

（二）课程与教学内容即社会生活经验

课程与教学内容的第二种基本取向是"社会生活经验"，义务教育阶段的教学内容建构可以采用社会体验的方式，将当代社会的需求和真实体验融入课程体系和课程内容中。义务教育阶段的教学内容不应仅包含书本知识，更应包括社会生活的真实体验，让学生可以在课程学习中获得与现实生活密切相关的知识和技能。

学校教育是教学人员通过教育教学活动，为学生未来的成人生活做准备的过程。因为学生始终生活在社会中，学校的教学内容应满足社会需求，将成人生活中的典型活动转化为学生的学习内容。学校教育使学生能够在学校学习期间获得必要的知识和技能，这些知识和技能可以帮助他们为未来的社会角色做好准备。

在本章第一节所提及的杜威教育哲学中，杜威教育哲学认为教育过程不仅是成人生活的准备，还是学生当下生活的一部分，这种观点也受到了更多相关研究者的认可。因此，教学内容不仅包含学科知识，还可以增加模拟真实的社会活动的内容。比如，在课堂上教师增加一些"主动作业"和工作体验作为教学内容，可以让学生在学习与实践过程中产生社会情感、态度和价值观，培养适应社会的技能，同时增强社会责任感。在义务教育阶段，学校增加社会生活经验的相关教学内容，不仅可以培养学生的社会意识和责任感，而且让学生了解到课程中的社会运行原理，从而提高他们对未来社会的适应能力和增强其参与意识。

在义务教育的教学内容中融入社会体验，不仅有助于学生了解社会现实，还能提高学生的实践能力，让学生在课堂上就能获得与社会密切相关的体验。这种课程开发方式重视学生的实践活动，鼓励学生通过亲身体验获取社会知识和技能。比如，国内部分学校在义务教育阶段引入了"做中学""做中教""做中进"的生活实践课程，让学生在真实情境中探索、发现和解决问题，从而获得真实的社会经验。

将社会生活经验纳入义务教育阶段的教学内容体系，这样的课程设置和内容体系设计，将学生的学习与生活进行紧密结合，为他们未来的社会发展奠定必要的基础。

（三）课程与教学内容即学习者的经验

课程与教学内容的第三种基本取向是"学习者的经验"，义务教育阶段的教学内容建构可以采用将学生的经验融入课程的方式。这种取向将学生的个体经验、兴趣和需求置于课程及教学内容的中心，教学内容不仅要以学科知识或社会需求为基础，更要充分尊重和利用学生的独特经验，学生在学习中与环境互动，才能获得有意义的知识和经验。

学生的经验成为教学内容的中心，意味着课程教学不仅是教师传授知识的过程，还是学生与教学内容积极互动的过程。学生不再是教学的被动接受者，而是可以凭借自己的经验、已有知识和情感，对课程内容进行自行解读和内化，最终产生个性化教学产出的。学生经验作为教学内容的中心，意味着，学生学习的质和量主要取决于学生的主动性，而不是课本或教师的要求。因此，学生的经验在课程中起主导作用，而教师的作用则是尽可能为学生创设符合他们能力和兴趣的学习情境，并鼓励他们在学习实践中探索、体验和感悟。这种学习者体验导向的教学内容在义务教育中尤为重要，教学内容满足了学生的需要。教学内容提供与学生日常生活相关的情境，让他们通过体验和探索获得了真正的发展，能有效激发学生的学习兴趣和自主性。

以学生的经验作为教学内容，也意味着课程开发具有多样性和复杂性。学生的智力水平与认知发展程度存在差异，学生的学习经历是迥然不一的，学生对于一门学科的掌握程度也各不相同。因此，学生的学习效果必然会有所差异，这给教师的课程设计和实施带来了挑战。这就要求教师不仅要关注课程内容本身的结构，还要考虑学生的个体差异，教师应尽可能地为不同学生设计合适的学习策略。相关研究者在建构教学内容时，必须为学生提供反思性、探究性学习的机会，让学生在学习过程中主动建构知识、创新知识，而不是被动接受既有的知识体系。

教师在课程开发中树立"以学生为主体"的理念，可以让学生在课程中不仅是知识的接受者，更是知识的创造者。教师鼓励学生创造性地学习，学生将自己的文化和社会生活经验融入课程，并主动将个人经验转化为新的知识和技能。这一理念与当代人本主义课程理论一脉相承，强调在教与学中促进学生的自我意识和创造力的发展，为学生的全面发展提供了更加开放和多元的教育空间。

第四节 义务教育阶段的教学方法

一、以语言传递为主的教学方法

在义务教育阶段，以语言传递为主的教学方法是主要教学形式之一。教师在课堂上通过口头语言或书面指令，可以使学生在较短时间内接受一系列间接经验。教师采取语言传递为主的教学方法，能使学生较迅速、准确而大量地获取系统的知识和思想，学生的思维品质也能快速发展。以语言传递为主的教学方法主要包括讲授法、谈话法、讨论法和阅读提示法。

（一）讲授法

讲授法是最为常见的一种教学法，它历史悠久，应用广泛。教师通过口头讲解系统地传授知识，其中涉及讲述、讲解、朗读等多种形式。教师采取讲授法可以在短时间内向学生传授大量系统的知识，帮助学生快速建立学科知识的基本框架。讲授法的优点是教师可以掌握教学的主动权，快速、高效地输出教学内容，学生可以高效地掌握相关知识；其缺点是这种教学方法是一种单向的教学形式，会限制学生的积极参与，师生互动较少，最终的学习效果难以保障。为了有效运用讲授法，教师必须做到讲授的内容科学、语言准确生动。教师也可以采取一些辅助手段，如黑板报、肢体语言等，引导学生理解和记忆知识。

（二）谈话法

谈话法主要分为启发式谈话、复习式谈话、总结式谈话和讨论式谈话四个小类。总的来说，谈话法是一种以师生之间的互动形式为重心的教学方法。教师可以抛出问题引导学生思考并主动表达，学生再积极地参与教学，最终达到良好的教学效果。谈话法对教师的提问能力和应变能力要求较高，教师需要有能力适时启发学生思考、总结讨论要点，巩固学生的学习成果。谈话法的应用不仅能帮助学生巩固并掌握旧知识，还能引导学生发现新内容。从培养学生的能力角度来看，谈话法可以培养学生的独立思考能力和语言表达能力。

（三）讨论法

讨论法是学生在教师的指导下探讨具体问题，这是一种学生在交换意见、分析观点的过程中获得知识的教学方法。讨论法是一种非常灵活的教学法，教师可根据教学需要组织全班或小组讨论。教师需要提前拟定讨论题目，指导学生准备资料，确保讨论有目的、有方向；讨论结束后，教师要对讨论内容进行总结，帮助学生获得正确的知识和观点，纠正偏差，巩固讨论成果。

讨论可以激发学生对议题的兴趣和参与意识，在交流的过程中可以提高学生的语言表达能力和批判性思维。

（四）阅读提示法

阅读提示法包括预习、复习、课内阅读和课外阅读等多种形式。阅读提示法不仅能拓宽学生的知识面，还能培养学生自主学习和探究的能力。面对阅读材料，教师可以教授给学生一些阅读技巧，如理解文章结构、掌握大意、与已有知识和经验建立联系等，并鼓励学生利用工具书和做笔记来加深理解和掌握。教师帮助学生设定学习目标、提供思考问题并组织阅读经验分享，起到引导者的作用，提高学生的阅读成绩和学习兴趣。阅读提示法使学生在教师的指导下通过自主阅读获得理解和掌握能力。

二、以直接感知为主的教学方法

教师采取直观演示和现场体验的方式帮助学生获得感性知识，这种教学方法叫作直接感知教学法。直接感知教学法可以增强学生的记忆力和提高学习兴趣，学生通过观察、体验和感官接触来理解知识。常见的直接感知教学法包括演示法和参观法。

（一）演示法

演示法是一种教师演示，学生直接观察事物和现象的教学方法。教师演示的教学材料包括模型、标本、照片、录像、教学片等，具体选择哪种教学辅助材料，主要取决于教学内容和现实条件。

通常情况下，当教学内容是较为抽象的概念时，教师会选择演示法，这种教学方法可以将抽象概念形象化，帮助学生理解和记忆教学内容。首先，教师应根据教学内容需要，选择合适的教具，并做好相应的准备工作。其次，在接下来的演示过程中，教师也需要一边演示一边配合讲解，强调演示主题的主要特点，帮助学生掌握主要知识点。再次，结束演示后，教师需要主动联系观察到的现象与书本知识，带领学生共同对所学知识进行总结和归纳。最后，在完成完整的演示之后，学生应不仅能达到教学目标，还能将书本知识与实际现象联系起来，理解抽象难懂的概念，充分发挥自己的探索欲，提高学习效果。

（二）参观法

参观法是指教师带领学生走出课堂，巩固或验证所学知识的一种教学方法。教师带领学生观察自然界或社会场所中的客观事物，可以让学生在真实的环境中感知所学的知识，开阔视野，并加深对课程内容的理解，从而获得新知识与看法。

教师在应用参观法之前需要做好充分准备，包括制订详细的访问计划、了解访问地点和确定访问目标。在参观过程中，教师应根据不同类型的参观设置具体的观察任务，鼓励学生主动提问，并做好详细记录，促进学生深入理解。参观结束后，教师应总结和介绍参观内容，将学生获得的新知识融入课堂教学，帮助学生巩固所学知识。

三、以实际训练为主的教学方法

以实际训练为基础的教学方法强调通过实践活动获取知识和技能，这种教学法强调将理论与实际应用相结合，可以提高学生的操作技能。教师往往会采取练习、实验和实习的方法，培养学生的实践能力，这种以实际训练为主的教学方法是帮助学生在义务教育阶段实现"做中学"的重要手段。[1]

（一）练习法

练习法指的是在教师的指导下，学生通过反复的操作练习来掌握技能技巧。练习法的操作原理，就是学生在反复练习后，可以加深对所学的知识或者技能的理解，巩固已学习的知识或者技能，最终可以帮助学生将知识内化为操作技能。教师应鼓励学生自觉参与练习，时刻观察学生的掌握情况，根据学生的掌握情况逐步提高难度，并且及时指出学生的错误和不足。教师的及时纠错可以帮助学生进一步巩固知识。

---

[1] 约翰·杜威.学校与社会·明日之学校［M］.赵祥麟，任钟印，吴志宏，译.北京：人民教育出版社，2004：250.

（二）实验法

实验法是一种以实际训练为主的教学方法，这种教学方法常见于理科学科教学。具体而言，就是教师指导学生利用实验仪器和设备进行科学观察、验证知识。

教师让学生进行实际操作，通过观察、记录等活动加深学生对知识的理解。实验法不仅能帮助学生巩固概念、规律和原理，还能培养学生的探索精神和科学态度，甚至起到提高学生学科能力的作用。教师要制订实验计划，做好实验前的准备工作，确保实验程序规范，才能使用实验法。实验结束后，学生要汇报实验情况，教师总结实验结果，带领学生巩固所学知识。

（三）实习法

实习法是一种提高学生实践能力的教学方法。实习的形式多种多样，教师带领学生到校内外的实践场所进行实践活动属于常见的实习方式。教师既可以在课堂上进行实验实习，也可以带领学生到工厂、农场等校外地点进行实地实习。

教师要制订详细的实习计划，并且选择合适的实习地点，准备好必要的实习设备；在实习过程中，教师要指导学生，作为陪伴者与指导者保证学生完成实习任务；实习结束后，教师应要求学生撰写实习报告，并对学生的实习情况进行综合评价，帮助学生总结实习的收获和不足。在实习过程中，学生通过实际参与和观察实习活动，可以更加生动地理解和掌握知识。学生也能借助实习，学到书本上学不到的知识，学生的操作技能、独立思考能力和解决实际问题的能力都能在这一过程中得到提高，为今后的学习和生活打下坚实的基础。

四、以探索研究为主的教学方法

在义务教育阶段，以探索研究为主的教学方法是一种让学生主动参与、积极探究，使学生在发现问题、解决问题的过程中增强主体性和独立性的教学方法。教师组织和开展独立的研究活动，可以帮助学生获取知识、提高能力、开发潜能，培养学生的探索精神和研究意识。在这种教学模式中，教师不再是简单的知识传授者，而是学生的顾问和研究伙伴，扮演着引导者和帮助者的角色。这种教学方法的主要表现形式就是发现法。

发现法又称探索法、研究法，这种教学方法要求教师充分"发现"问题，鼓励学生自主探索，学生可以掌握解决问题的思维方法，并且发现事物的本质或原理。发现法通常包括以下过程：创设问题情境、提出假设、检验假设、总结原理或结论。教师运用发现法时，必须遵循以下几个基本原则，如表 1-6 所示。

表 1-6 运用发现法的基本原则

基本原则	具体内容
选择有价值的课题	课题要能激发学生的兴趣，使他们有"发现"的欲望，增强探索的动力
设定明确的目标，提供条件	为学生探究设定明确的目标，并提供必要的资源和条件，如工具、时间、信息支持等
鼓励多角度思考	在研究过程中，允许学生运用发散性思维，大胆假设，独立猜测，从多角度进行观察分析，鼓励学生对问题进行独创性思考
收集和分析信息	鼓励学生多渠道收集信息，对信息进行综合分析和处理，拓宽研究思路，深入且全面地理解问题
检验和验证假设	在自由讨论和检验的过程中，学生可以对提出的假设进行反复论证，对问题答案进行补充和修改，不断优化方案
总结与反馈	教师通过科学的总结和恰当的分析，让学生了解思维过程的规律性，培养学生系统归纳、科学总结的能力

发现法是一种有着明显优势的教学法，教师运用发现法不仅可以加深学生对知识的理解，还可以培养学生分析问题和解决问题的能力，锻炼学生的批判性思维和创造力。但是，发现法想要达到较好的教学效果，对学生的知识水平和思维能力要求较高，同时需要教师拥有较多的教学时间用于指导，以及充足的教学资源支持教学活动。因此，教师在实际教学应用时，需要根据教学内容和学生水平灵活调整。

第二章 构建义务教育教学的理论基础与框架

第一节 教育学相关理论

一、教育科学的分类框架探究

在构建义务教育教学的理论基础与框架之前，研究者应该首先针对教育科学加以研究。

（一）教育科学分类标准的探索

明确教育科学究竟是如何分类的，是研究者开展教育科学理论研究的前提。

教育科学自有其发展的逻辑，根据学界的共识可知，教育科学早已经越过了形成的初始阶段，正在逐步走向成熟。已经有多位学者尝试对教育科学进行分类，学者们对于分类的标准尚存不同观点，且分类仍不够完善。但是对于教育科学分类的探讨是至关重要的，因为这不仅仅是为了教育科学寻求合适的分类框架，更是学者们通过对分类标准的讨论，最终消除某些观念上的混淆的过程，这也为教育科学的发展提供了理论支撑。

教育科学的分类面临着一个基本命题，即如何在多元的学科背景下找到合适的分类标准。关于教育科学的分类标准，最常见的两种分类方式是以研究对象为基础的分类和以研究方法为基础的分类。

以研究对象为基础的分类标准，是一种强调通过分析教育现象来确定学科的划分。这种分类强调客观性，这也是科学分类的主流思想。然而，随着现代科学的发展，研究方法逐渐成为一种新的分类标准。德国哲学家威廉·文德尔班（Wilhelm Windelband）率先提出了以研究方法为基础的分类思想，他认为科学研究方法是人类理性能力的具体表现。因此，研究方法本身也可作为一种分类依据。

虽然常见的教育科学的分类标准有两种，但是教育科学具有的复杂性和多维性特征，决定了教育科学的分类会逐渐呈现出更多的可能性。教育科学作为一门已经趋向成熟的科学体系，一方面可以反映自身的发展历史和现状，另一方面有足够的学科涵盖量，可以体现出学科之间的内在联系。正如苏联哲学家庞·米·凯德罗夫（Б.М. Кедрбв）所指出的，科学分类标准正在从功能向基质转变。[①] 从这个角度来说，教育科学分类也应该回归事物本身，研究者需要深入审视教育现象的内在逻辑。因此，教育科学的分类不仅需要理论上的清晰性，还需要对学科未来发展起到实践指导的作用。教育科学的分类结果将影响学科研究的方向、课程设置和研究资源的分配。

在借鉴科学分类的思想和原则的基础上，教育科学可以根据其具体特点建立合适的分类框架。研究者充分分析教育活动的不同阶段、教育情境中的影响因素等后，进一步细分教育科学的学科类别。研究者需要充分考虑教育系统的各个维度，建立科学、合理的分类标准，使教育科学的研究体系更加完善，为激发义务教育教学中的思辨潜能提供更为有效的理论支持。

（二）教育科学内部学科体系的扩展

人类社会的传承与发展始终是社会发展的主题，教育承担着培养人才的重要责任，因此，有关教育科学的研究始终是人类理性思考的基本主题之一。

教育学是从哲学母体中独立出来，逐渐成为一个独具特色的学科体系的。尽管教育学在其发展过程中经历了相当程度的多样化扩展，但是教育学在其科学体系中的地位仍然模糊不清，曾经有多位学者就此问题进行探究，但是并未得到统一结论。

19世纪末20世纪初，实证主义思潮兴起并成为学术界的主流思想，自然科学的标准和方法亦随之成为学术研究的范式。教育学受实证主义影响，逐渐摆脱了传统的话语性质，转向实证科学的研究模式。教育学试图通过自

---

① 瞿葆奎. 教育学文集：课程与教材（上册）[M]. 北京：人民教育出版社，1993：368.

然科学的方法研究教育现象，重新定位为一门实证科学。尽管这一理想并未完全实现，教育学在很多方面仍未脱离原有的学术框架，但是随着20世纪教育理论的发展，越来越多的教育学专家证明了教育学是一门复杂学科。

既然教育学是一门复杂学科，实证科学和实证研究方法就只会不断渗入教育科学，教育学独具的复杂性又决定了它不可能成为一门纯粹意义上的实证科学。教育学经历了不断分化和成熟的过程，伦理学、心理学、生物学、统计学等不同学科的理论逐渐进入教育研究领域，丰富了教育学科的理论基础。特别是在第二次世界大战之后，经济学、政治学和技术学等学科的融合促进了教育科学内部学科的进一步多样化和复杂化的发展。

1912年，复数"教育科学"的概念首次被提出，这明确了教育科学多学科交叉的特性。教育学不再是单一的学科，而是由多个不同的学科共同构成的复杂体系。这些学科从不同的角度研究教育现象，涵盖了从教育活动到教育理论的广泛领域。不同国家对复数"教育科学"这一概念的接受均经历了一个较为漫长的历程。在法语国家，复数"教育科学"的表述方式正在逐渐取代单学科的"教育学"概念；在德语国家，尽管"教育学"这种认知方式仍然存在，但复数"教育科学"的概念也正逐渐被更多学者接受；在英语国家，"教育理论及其基础学科"一词更常用于指代与复数"教育科学"类似的学科体系。这种表达方式的多样性进一步反映了教育科学内部学科体系的扩展性。

教育学科目前已经成为一个较为完整的学科体系，其中不但涵盖了哲学、心理学、社会学等学科的理论，而且教育学科在实践中与其他学科的紧密合作，不断运用其他学科的技术和方法，已使自己逐渐成为一门操作性很强的学科。以教育技术学为例，它不仅是技术的应用，还能通过在教育过程中整合多学科知识来优化教育成果。同样地，教育管理和教育统计等学科的出现反映了教育科学对其他学科工具性方法的广泛应用。这些学科为教育理论的实际应用提供了方法论支持，使教育研究不再仅停留在理论层面，而是能通过操作手段为实际问题提供解决方案。

根据以上论述可知，教育科学具备的多元形态和跨学科特点决定了它拥有独特的双重属性。教育科学具有实证科学的特征，教育学的专家学者在研究教育现象时，往往会借助大量的实证研究和事实分析来建构科学理论。另外，教育科学具有实践理论的特征。教育科学不仅注重解释教育现象，还强调解决实际问题。教育理论的双重属性，使教育科学始终在吸收其他学科的成果，并能通过跨学科的方式开拓出更广阔的学科领域。

越来越多的新学科和新技术手段影响了教育科学的发展，在教育科学内部学科体系进一步发展。数字技术与人工智能等新技术被引入教育科学，教育科学的研究方法获得了更多的尝试机会。比如，大数据技术被引入教育科学后，教育的决策更加准确、有效。人工智能技术在教学中的应用则进一步改变了传统的教育模式。

"教育科学"体现了教育理论与实践的交织，深耕教育领域的专家学者综合运用各学科的理论和方法，教育科学逐渐发展成为一个复杂而充满活力的学科体系。教育科学的内部学科体系进一步扩展，为教育研究带来更多创新的可能性。

（三）教育科学的多层次分类

针对教育科学进行多层次分类是一种必然之举，这是一种对于教育科学的理论思考，同时是一种现实的需要。多层次分类的目的是将复杂的教育研究结构化，获得一个基本的框架，便于人们更好地理解和研究教育现象。这个分类标准往往围绕两个基本要素开展，即研究重点和研究方法。

1. 对象分类法的局限性

以对象为基础的分类标准是一种强调客观性原则的分类方式，这是一种已经成为科学分类标准的方式之一。教育研究者需要先明确教育研究对象的内在特征及其相互关系，才能开启后续的研究工作。许多研究者提出了针对教育现象和教育系统的多层次性的分类方案。比如，有研究者根据教育系统的特点，提出了五类教育分支学科的框架，突出了实施不同层次教育活动的差异。

研究对象与研究方法之间往往不是一一对应的关系，因此研究者仅仅依靠分类对象为基础的分类标准也有局限性。甚至，现代科学的发展进一步模糊了这一界限——不同的学科和方法可以同时指向同一个研究对象。面对复杂的教育现象，对象分类法不能充分体现教育研究的多样性和灵活性，研究者仍需寻找更为适配的分类标准。

2. 多层次分类

越来越多的教育研究者认可，教育科学的分类需要研究者从多个层面着手，多角度探索教育科学的特点，从而建立多层次分类的框架。具体内容如表 2-1 所示。

表 2-1 教育科学多层次分类的框架

分类维度			具体学科
以教育理论为研究对象			元教育学、教育学史
以教育活动为研究对象；以不同方式运用其他学科	把被运用学科作为理论分析框架	分析教育中的形而上问题	教育哲学、教育美学、教育逻辑学、教育伦理学
		分析教育中的社会现象	教育社会学、教育经济学、教育政治学、教育法学、教育人类学、教育人口学、教育生态学、教育文化学
		分析教育中的个体，即"人"	教育生物学、教育生理学、教育心理学
	采用被运用学科的方法	运用方法直接分析教育活动	教育史学、比较教育学、教育未来学
		研究如何运用方法来分析教育活动	教育统计学、教育测量学、教育评价学、教育实验学、教育信息学
	综合运用各门学科，解决教育的实际行动问题	分析与其他领域共有的实际问题	教育卫生学、教育行政（管理）学、教育规划学、教育技术学
		分析教育领域独有的实际问题	课程论、教学论

研究者将教育科学分为两大类：以教育活动为主的学科和以教育理论为主的学科。这种分类方式体现出教育研究者将教育科学一分为二，即实践研究和理论研究的分类方式，有助于研究者更好地理解教育现象。

针对那些以教育活动为研究对象的学科，教育研究者往往将其进一步细分为若干分支学科，进而研究者会采取不同的研究方法对教育活动本身进行分析。比如，教育哲学作为一门思辨性学科，主要的研究对象是教育活动中的一些形而上学的问题，如教育的目的、人的本质等。教育哲学的研究者更多地依靠哲学和伦理学的理论框架来认知并解释教育活动背后的深层原理。教育经济学和教育心理学等学科则倾向于使用社会科学的研究方法，通过实证研究来探究教育活动中的具体现象。虽然这两个学科都采用社会科学的研究方法，但是二者的研究对象存在差异，即教育经济学的研究者关注教育的经济效益，而教育心理学的研究者则研究学生心理发展与教育效果的关系。

以教育理论为研究对象的学科的分类重点在于对教育理论本身的研究。这类学科旨在分析教育理论的内部结构和功能及其与实践的关系。例如，元教育学作为一门新兴学科，主要研究教育理论的元层面问题，包括教育理论的研究方法、演变和发展规律等。教育学史则关注教育学科产生和发展的历史过程，研究者需要更深入地了解教育理论的本质，进一步分析教育理论在不同历史阶段的发展变化。

在多层次分类框架中，一些教育学科并不完全依赖对对象的分类，而是以特定研究方法的应用为分类标准。比如，教育历史学和比较教育学就是通过方法进行分类的典型学科。教育历史学以时间为轴，通过对历史事件的研究，分析教育现象的演变。而比较教育学则对不同国家和地区的教育体系进行横向比较，以揭示教育现象的异同。

教育统计学和教育实验学分别研究如何运用统计方法和实验方法来分析教育现象。但是二者关注点存在巨大差异。教育统计学探讨如何处理和分析教育数据，而教育实验学则研究如何通过实验手段来检验教育理论的有效性。

教育科学的多层次分类框架还包括综合性学科与操作性学科。这些学科通过整合多个学科的理论和方法来解决具体的教育问题。比如，课程理论和教学法是典型的操作性学科，虽然它们源于教学法的分化，但其研究方法和理论跨越多个学科领域。课程理论不仅关注教育目标的设计与实施，还包括社会学、心理学等多种学科理论。教学法则通过研究不同的教学方法，探讨如何提高课堂教学的有效性。

同时，随着社会需求的不断变化，教育科学中的管理和技术领域逐渐形成了独立的分支学科。教育管理学和教育技术学等学科的出现，表明教育科学已逐渐扩展到实用性很强的领域。教育管理学通过行政学和社会学理论研究学校和教育系统的管理，而教育技术学则研究如何通过技术手段提高教学效果。这些学科虽然看似独立于教育科学，但实际上，通过学者对教育活动的深入分析，已成为教育科学学科体系的重要组成部分。

多层次的教育科学分类框架不仅要考虑到研究对象的多样性，还要考虑到研究方法的复杂性。研究者在掌握教育科学的分类框架后，可以更好地了解教育科学的内部结构和发展路径，为后续的教育理论研究奠定坚实的基础。

二、教育学理论框架探索

根据本节的相关内容可知，教育科学是一个多学科体系。教育科学独有的复杂性和广泛性，要求研究者构建出一个清晰的理论框架，以便有效地组织和理解该领域的知识体系。

教育科学的理论框架不仅要反映教育学科的分支结构，还要揭示学科之间的内在联系和发展规律。研究者可以深入探讨教育学科的分类和分支学科的演变，以更好地理解教育科学的理论基础和未来发展方向。在分支学科蓬勃发展的同时，如何保持学科整体的协调性和一致性，是学者在教育科学理论框架内需要解决的核心问题。

从教育科学历史发展的角度来看，随着教育科学的发展，教育科学的分支学科也越来越多。教育科学的蓬勃发展一方面可以使教育科学体系更加丰富，另一方面引发了一部分专家对教育分支学科之间"壁垒过多"的隐忧。如果分支学科之间缺乏交流与合作，教育科学的整体协调性就会被削弱。面对这一隐忧，针对教育科学的统一性研究也越来越多，并且逐渐成为理论框架中不可或缺的一部分。教育科学的统一性不仅体现在研究者对研究对象的关注上，还体现在学科之间的相互依存和跨学科研究合作方面。许多教育现象的研究会涉及多个学科的综合分析，如果研究者仅聚焦单一学科的研究，就无法揭示出教育活动的全部复杂性。比如，教育心理学、教育社会学、教育哲学等学科往往需要相互补充，共同研究才能解决教育中的实际问题。

在讨论教育科学的理论框架时，有必要提及"教育学"这一核心学科的地位和演变。随着教育科学分支学科的出现与发展，传统意义上的教育学逐渐分化出许多分支学科，成了一个更加抽象、更加宽泛的领域。那么，教育学在当代教育科学体系中的地位如何，是否还具有独立学科的意义呢？

有学者认为，教育学在当代教育科学中应扮演"哲学"的角色，成为各分支学科的指导框架。随着教育学逐渐分化为若干分支学科，其理论深度不断增加，教育学对分支学科的指导作用也越来越明显。然而，也有另一种观点认为，教育学已经退化为专门研究教育学的应用研究。这种观点认为，随着各分支学科的不断细化，教学论更多地转向了实践教学方法和技术层面，失去了教育学理论的广度和深度。作为师范教育体系的一部分，教育学课程具有类似于"普通心理学"或"普通物理学"的"普通"性质。这种"通识"特征使教育学成为教师必修的核心课程，而不是一门专门的科研学科。因此，教育学在现代教育科学体系中的地位与其说是一个单一的分支，不如说是一门综合性学科。

从教育行动研究开始，教育科学各分支学科就在不同的研究方向上形成了相对独立的学科体系。这些学科根据研究对象、方法和理论基础的不同，逐渐形成了各自的研究领域。例如，教育哲学、教育心理学和教育技术学等学科分别通过哲学、心理学和技术学等不同的理论框架研究教育中的具体问题。

作为一门动态发展的学科，教育科学及其分支学科的创建与实践的需要密切相关。因此，一个完整的理论框架不仅要反映教育科学当前的学科结构，还要为学科的未来发展留有余地。

随着科学技术的不断进步，教育科学的一些新兴领域可能会逐渐形成独立的分支学科。比如，随着人工智能、大数据等技术的广泛应用，教育技术学学科未来可能会细分为多个分支学科。同样地，教育管理学、教育行政学等学科也将在社会变革和教育实践的发展中迎来新的发展。因此，教育科学的理论框架必须具有足够的灵活性和开放性，以适应未来教育学科的变化。对教育科学理论框架的研究，既是对当前教育学科体系的梳理和概括，也是对未来教育发展的一种前瞻性思考。针对义务教育教学，人们也要基于教育科学这一大理论框架，探寻与义务教育紧密相连的理论基础内容。

三、教学重要理论阐释

教学重要理论可以按照其不同的理论流派加以阐释。

（一）行为主义教学理论

20 世纪初，美国心理学家约翰·华生（John Watson）作为行为主义运动的开创者，引发了一场行为主义革命。这场行为主义的革命很快席卷了教育领域，越来越多的研究者注意到了人与环境之间的联系，人的发展是环境和教育不断建立条件反射的过程。这些发现为后来的行为主义学习理论奠定了基础，行为主义也成为教育领域研究的新视角。

美国心理学家爱德华·李·桑代克（Edward Lee Thorndike）在《教育心理学》一书中提到，教育是建立一系列联系的过程，他在书中提出了训练学生形成特定行为模式的基本思想。[1] 桑代克提出的行为形成观使行为主义教学理论逐渐形成了系统的教学框架。随后，美国心理学家、教育家伯尔赫斯·弗雷德里克·斯金纳（Burrhus Frederic Skinner），美国心理学家弗雷德·凯勒（Fred Keller）及布鲁姆进一步丰富了行为主义教学理论，为现代教学实践提供了更为先进的理论支持。

1.斯金纳的程序教学理论

斯金纳作为行为主义的重要代表人物之一，开创了更为系统的教学理论。斯金纳提出了程序教学的概念，主张通过操作性、条件反射和正强化来调节学生的行为。[2] 斯金纳的理论是基于对操作性条件反射的深刻理解的，他认为学生在每个阶段都应得到积极的反馈和强化，从而加强和发展学习行为。

斯金纳主张使用教学机器，通过自动化设备向学生提供即时反馈，从而提高学习效果。斯金纳的教学机是一种早期的自动教学设备，以纸带的形式呈现知识内容，并包含一系列逐渐详细的问题，学生通过回答前一个问题进

---

[1] 桑代克.教育心理学简编［M］.张奇，译校.北京：中国人民大学出版社，2015：3.
[2] 华东师范大学教育系，杭州大学教育系.现代西方资产阶级教育思想流派论著选［M］.北京：人民教育出版社，1980：317.

入下一个问题。这种设计背后的逻辑是，让学生通过连续的正确答案来完成知识模块，并对学习成果进行系统评估。这种方法不仅能帮助学生系统地学习，还能对他们的学习进度提供直观的反馈。

斯金纳的程序教学理论包含五个基本原则，即小步子原则、积极反应原则、即时反馈原则、自定步调原则、低错误率原则。这些原则均有不同的作用，旨在优化学习者的体验，具体如图 2-1 所示。

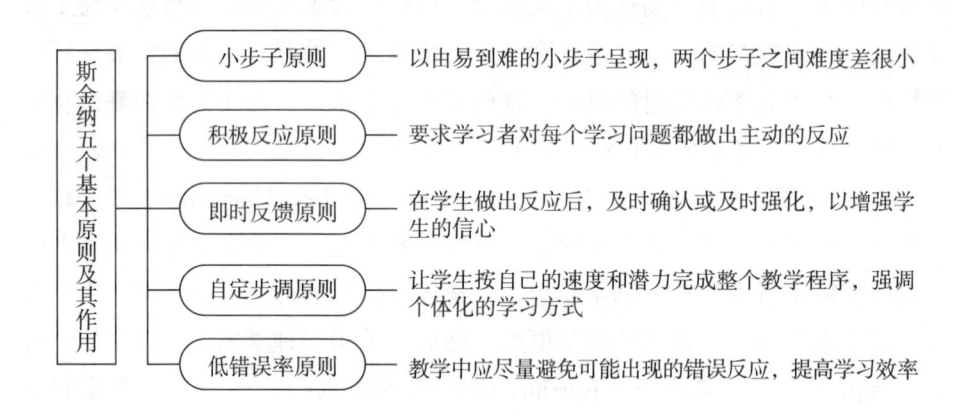

斯金纳五个基本原则及其作用		
	小步子原则	以由易到难的小步子呈现，两个步子之间难度差很小
	积极反应原则	要求学习者对每个学习问题都做出主动的反应
	即时反馈原则	在学生做出反应后，及时确认或及时强化，以增强学生的信心
	自定步调原则	让学生按自己的速度和潜力完成整个教学程序，强调个体化的学习方式
	低错误率原则	教学中应尽量避免可能出现的错误反应，提高学习效率

图 2-1　斯金纳五个基本原则及其作用

2. 新行为主义教学理论

在华生、桑代克和斯金纳研究的基础上，行为主义逐渐发展出一种新形式，即新行为主义教学理论。美国教育心理学家布鲁姆所提出的"掌握学习"教学模式，是新行为主义教学理论代表性发展之一。

（1）掌握学习模式。布鲁姆认为，学生的学习能力不是与生俱来的，而是可以在适当的学习条件下得到显著提高的。因此，他建议采用系统的学习计划和反馈机制，确保每名学生都能达到一定的学习水平。

布鲁姆的掌握学习模式主要包括两个部分：掌握学习的准备和掌握学习的实施。在掌握学习模式的过程中，教师需要制定明确的学习目标、设计详细的学习单元和提供个性化的反馈机制，帮助学生实现学习目标。在实施阶段，教师需要在每个单元结束时进行形成性评价，客观分析学生的掌握情况，并提供有针对性的补充材料或补救措施，帮助学生克服学习困难。这种模式的优点是教学设计系统化，能有效缩小学生之间的学习差距，让所有学生都有足够的机会在同一知识框架内学习。但布鲁姆的掌握学习模式也存在一些缺点，如这种模式需要教师和学生花费更多的时间，来确保学生充分吸收知识。因此，布鲁姆的掌握学习模式更适合对内容要求严格的教学。

（2）个性化学习系统（凯勒方案）。美国心理学家凯勒所创立的个性化教学系统理论也是新行为主义教学的创新尝试，凯勒的方案旨在提供更灵活的学习选择。凯勒方案的核心理念是让学生通过自主学习和个性化学习，按照自己的进度掌控学习进度。凯勒方案要求学生在完成每个单元后，及时进行自我评估，只有在学生已经达到高度掌握（正确率90%及以上）后才能进入下一个单元，确保学生已建立较为牢固的知识基础。同时，凯勒方案鼓励学生之间开展朋辈辅导，教师可以安排已完成教学目标的学生扮演辅导者角色。这种朋辈辅导不仅增进了学生之间的交流，提高了教学效率与成果，还有效促进了学生之间的相互影响。凯勒方案对学生的要求较高，因此，这种方案也更适用于年龄较高的学生，他们可以借助这种教学模式，以达到更好的教学效果。

（3）计算机辅助教学。计算机辅助教学也是行为主义教学理论的延伸，是程序化教学方法与计算机技术结合的产物。计算机技术的出现为教学提供了一个互动性更强的学习环境，学生可以操作计算机系统，即时反馈学习的相关信息，在线上互动中掌握知识。计算机辅助教学不仅可以实现教学内容个性化，还在时间和空间上为学生提供了更多的灵活性。另外，多媒体教学是计算机辅助教学的延伸，多媒体教学结合了文字、声音、图像、视频等多种形式，为学生提供了更丰富、多样的教学资源，学生可以在多维度的感官刺激中更好地理解学习内容。

行为主义教学理论是20世纪教学实践的主要理论之一，从华生的条件反射概念、斯金纳的程序教学理论和布鲁姆、凯勒的个别化教学模式开始，行为主义教学理论逐步建立了以学生为中心，强调反馈和强化的教学体系。这些理论不仅为现代教育的教学设计提供了实践指导，由于计算机技术和多媒体设备的发展，还在教学实践中得到了广泛应用。行为主义学习理论的基本理念是通过系统化、结构化的教学途径，提高学生的主动性和独立反馈能力，使学生达到更好的学习效果。

（二）认知主义教学理论

关于认知主义教学理论的研究，主要围绕着美国的教育心理学家罗伯特·米尔斯·加涅（Robert M. Gagne）、美国的教育心理学家杰罗姆·布鲁纳（Jerome Bruner）和美国的教育心理学家戴维·保罗·奥苏贝尔（David Pawl Ausubel）三者开展，这三位的认知主义教学理论都为当代教育提供了深刻的见解。

1. 加涅的指导学习教学理论

加涅结合了联结主义和认知主义的观点，提出了系统的指导学习教学理论。指导学习教学理论的出现，标志着教学理论研究从行为主义向认知主义过渡的重大转折。

（1）教学理论体系。加涅认为，教学的基本任务是确定教学目标、设计教学过程、选择适当的教学方法以及测量和评价教学结果。指导学习教学理论认为，教学目标可被概括为五种学习成果，即智慧技能、认知策略、言语信息、动作技能和态度。因为每种学习成果都具有跨学科的性质，所以学校课程应根据这些学习成果确定具体的教学目标，在确定教学目标时，需要考虑学习成果具有跨学科的性质。加涅强调，教学是一系列精心设计的外部事件，目的是为个体的内在学习提供支持。

加涅将教学过程分为九个阶段，即引起注意告知目标、提示回忆原有知识、呈现教材、提供学习指导、引出作业、提供反馈、评估作业、促进保持与迁移。这种多阶段的教学过程可以帮助学生形成系统的知识结构，每个阶段都是为学生的学习成果服务的。这些阶段相辅相成，共同形成了一个完整的教学过程，为学生提供了认知结构的支持框架。

（2）教学设计原则和技巧。加涅将教师视为教学设计者和管理者，强调教师在教与学中起到的积极作用。教师必须根据学生自身的内部学习条件和学习结果类型，设计适当的外部学习条件，以确保学生有效学习，实现预期的教学目标。加涅认为，教学设计的关键是确立可观察、可测量的操作目标，并为每个教学目标选择适当的教学活动。这种方法可以使教学设计更有条理，提高了教学的可操作性和评估的准确性。

2. 布鲁纳的结构教学理论

20世纪50年代，布鲁纳提出结构教学理论是认知主义的教学理论的重要里程碑之一。布鲁纳强调结构化学习和人的认知发展，布鲁纳认为教育不仅是知识的传授，还是帮助学生理解学科内在结构以促进智力发展的过程。

（1）重视学生智力的发展。受皮亚杰认知发展理论的影响，布鲁纳认为人的智力发展比单纯的知识记忆水平更重要。他主张通过教育激发学生的智力潜能，认为掌握学科知识不仅是教育上的要求，还关系到一个国家的未来发展。因此，他把学生智力的发展与社会的进步紧密联系在一起，主张通过教学促进学生认知能力的全面发展。

（2）关注学科的基本结构。布鲁纳的结构教学理论认为，教育者了解各学科的基本结构有利于学生理解、记忆和掌握知识。每门学科都有其基本概念、原理和规律，它们构成了一门学科的基本结构。而教育者掌握学科的基本结构有以下好处：首先，个体在了解学科的基本结构后，他掌握的学科知识也将更有逻辑性，这有助于个体进一步理解复杂的知识。其次，相较于杂乱无章的知识，人更容易记住结构化的知识，提取结构化知识的效率也更高。再次，学习者掌握了学科结构后，学习者可以更加容易地进行知识迁移，学生也能够灵活运用所学知识。最后，结构化的学科学习方法还能缩小不同学生之间的知识差距，使低年级学生也能逐步掌握较高级的知识概念。

（3）探索式教学法。布鲁纳认为，人的认知是动态发展的，教学的目的是鼓励学生参与建构知识的过程，而不仅仅是记忆知识。他提出的探究式教学法分为两个阶段：第一阶段，学生根据已掌握的感性材料，通过推理和直觉提出初步假设；第二阶段，学生利用更多的感性材料验证自己的假设。

3. 奥苏贝尔的同化教学理论

奥苏贝尔的同化教学理论以其有意义的接受学习理论为基础，主张将新知识逐步整合到学生已有的认知结构中。奥苏贝尔强调认知结构的层次性和系统性，反对机械式学习，并提出了先行组织者教学策略。

（1）学习材料的呈现原则。奥苏贝尔认为，教育者呈现学习内容的有效方法是先建立适当的认知结构，逐步分化新知识，并将新知识整合到学习者已有的知识体系中。他提出了学习材料的呈现需要遵循渐进分化原则和综合贯通原则。渐进分化原则是指新知识应从概括的高级概念逐步扩展到低级概念，渐进分化后的知识有利于学习者的学习和记忆。综合贯通原则要求学生在自己已有知识结构的基础上，将新知识融会贯通，避免机械记忆。教育者遵循学习材料的呈现原则，既能使学生对知识的理解更加快速而深刻，也有利于学生灵活运用学习材料。

（2）先行组织者教学策略。为了帮助学生更好地吸收新知识，奥苏贝尔提出了先行组织者教学策略。先行组织者是在教学内容呈现之前提供的一种指导性材料，具有高度的抽象性和概括性，目的是在新旧知识之间架起一座认知桥梁，使学生能够有意义地接受和整合新知识。先行组织者的主要功能是在学生学习新知识之前，为学生提供认知框架。先行组织者提高了知识的可理解性和连贯性，并且可以有效地减少学习过程中学生可能会遇到的混淆和学习障碍。

认知主义教学理论在加涅、布鲁纳和奥苏贝尔的共同影响下，逐渐形成了一个较为系统的理论框架。尽管学者的理论有所差异，但是他们的理论也存在共通性。即认知主义教学理论强调将教学视为学习者认知结构的主动建构，强调学习的过程性、结构性和系统性，旨在通过激发学习者的内在潜能和认知能力，实现知识的有效迁移和传递。

（三）人本主义教学理论

人本主义兴起于20世纪五六十年代，由美国心理学家亚伯拉罕·马斯洛（Abraham Maslow）创立，是心理学的重要流派，强调人的自我实现。人本主义教学理论强调教育应关注人本身，学生要实现自我实现和自我发展，强调教育回归人、关注人的发展，教育者需要把学生的内心感受、情感需求和个性发展作为教学的核心。以马斯洛为代表的人本主义教育思想，强调动机是人类个体成长的内在力量，而动机的形成受诸多因素的影响，其中最为关键的就是人类发展的需要。

以美国心理学家卡尔·罗杰斯（Carl Rogers）为代表的人本主义教育思想将教育从注重知识传授的模式转向关注学生的内在发展，主张教育要培养全面发展的人，追求"全人教育"的目标。人本主义教学理论主要体现在以下几个方面。

1. 需要层次理论

马斯洛认为，人类发展的需要是促进人类个体成长的最为关键的影响因素。人类的需要多种多样，而各种需要有高低层次之分，不同需要所形成的动机将决定人类的行为，进而影响个体发展的境界。马斯洛的需要层次理论具体如表2-2所示。

表2-2 马斯洛需要层次理论

层次	需求类型	需求描述
第一层次	生理需求	满足基本生存所需的物质需求，包括食物、水、空气、睡眠等
第二层次	安全需求	追求安全和稳定的需求，包括身体安全、健康保障、工作和收入稳定等
第三层次	社交需求	建立情感联系和归属感的需求，包括友情、爱情、家庭关系和社会联系
第四层次	尊重需求	得到他人认可、自尊和成就感的需求，包括尊重、地位、成就和自我价值的实现
第五层次	自我实现需求	实现个人潜能和追求自我成长的需求，包括创意、道德、解决问题的能力以及实现个人理想和目标的渴望

根据表2-2可知，人类的需求就像阶梯一样，呈现出逐级增长的趋势。人的需求可以分为五个层次，从基本的生理需求到更高层次的自我实现需求，个人只有在前一个层次的需求得到一定程度的满足后，才能向更高层次的需求迈进。

马斯洛的需求层次理论被广泛应用于各个领域。例如，在教育领域，教师在了解了学生的需求后，才能提供出更有针对性的教育方案，促进学生的全面发展。

2. 教师关注学生的感知

在传统的教学模式中，教学往往只注重知识内容的传授，而忽视了学生作为个体的独特感受和认知。然而，在人本主义教学理论中，感知被认为是决定学生行为的重要因素。这里的感知不仅指个人对周围事物的感知，还包括个人的内在情感和信念。这种感知可以反映学生对世界的主观体验，这种主观体验会直接影响他们的学习方法和行为。例如，学生选择某种行为并不完全基于理性判断，也可能是受到了情感因素的驱使，如有的学生破坏学校物品，可能是想要以这种特立独行的言行吸引同学的关注，并获得同学的认可。因此，人本主义教学理论认为，教师要改变学生的行为，首先应深入了解学生的内在认知和情感状况，而不只是简单地采取一些外在手段来约束学生的行为。

3. 全人教育理念

人本主义教育主张"全人教育"，即教育的目标是使学生在认知、情感、意志等方面得到发展，从而形成健康的人格。罗杰斯指出，当前的教育模式往往将人的情感与认知割裂开来，忽视了情感在个体成长发展中的作用。而在人本主义的视角下，认知与情感是相互联系的一个整体，人的情感发展是其认知发展的重要支撑。因此，全人教育意味着教育不仅重视知识的传授，更关注学生的情感和心理需求，旨在培养情感与认知统一的"完人"。

罗杰斯将理想的教育目标概括为培养"完人"，这种"完人"在认知层面能够理性思考，在情感层面能够同情他人、关爱社会。这样的教育不仅能为学生提供知识，还能帮助他们树立积极的世界观和人生观，从而使他们能够面对未来生活中的诸多挑战，努力实现更高层次的自我价值。

4. 以学习者为中心的教学观

以学习者为中心，是罗杰斯人本主义教学理论的核心。他认为教学应由学生主导，学校应为学生服务，教师的作用应是引导学生而不是控制学生。在这种教学观念中，每个学生都被视为具有发展潜能的人，教育的任务就是为他们创造一个自由、安全的学习环境，学生的内在潜能可以在这个环境中被充分激发。与传统的以教师为主导、学生被动接受知识的教学模式相比，以学生为中心的教学观让学生在学习过程中有更多的自主权和选择权，学生可以通过自我探索和体验加深对学习内容的理解。

从以学生为中心的角度来看，教师需要具备三个基本品质：真诚一致、无条件积极关注、同理心。真诚一致是指教师在教学过程中要诚实、真实，不隐瞒自己的感受和意图。无条件积极关注指的是无论学生的表现如何，教师都要尊重和支持他们。同理心要求教师理解学生的内心世界，尊重他们的想法和感受。具备这些品质，不仅有助于教师营造积极的课堂氛围，还能增进师生之间的信任和理解，让学生在一种安全、开放的环境中充分发展。

5. 建立良好的师生关系

在罗杰斯的人本主义教育思想中，良好的师生关系是有效教学的核心。他指出，教学是否能达成好的效果，本质不在于教学方法多么精良、课程设计得多么准确或教学资源多么丰富，而在于师生关系的质量如何。教师在教学过程中不仅是知识的传授者，更是学生成长的陪伴者和促进者。

想要建立良好的师生关系，教师需要做到以下几点：首先，充分相信学生有潜能，相信他们在合适的环境下能够实现自我发展；其次，真诚待人，教师主动向学生展现真实的自我；再次，尊重学生的个人经历，教师应该理解并重视他们的感受和意见；最后，教师必须以同理心理解学生的内心世界，并设身处地地为他们着想。

良好的师生关系对学生来说可以快速获得安全感，学生可以在课堂上感到被理解和接纳，也会避免因压力或恐惧而产生消极的学习行为。良好的师生关系可以为学生提供心理支持，使他们对学习过程更有安全感和信任感，从而激发他们更大的学习热情和创造力。

6. 罗杰斯的非指导性教学理论

罗杰斯将非指导性治疗技术引入教育领域中，并提出了非指导性教学理论。罗杰斯认为，教师的职责不是直接传授知识，而是激发学生的自我发现和自我认识。非指导性教学是一种非结构化的教学模式，教学内容和教学方法由学生自由讨论和选择，教师只是为学生提供资源和支持，而不是充当知识的权威者。非指导性教学的目的是让学生有一个心理自由和安全的学习环境，促进他们释放内在潜能，实现自我价值。

要实现非指导性教学，教师在教学过程中必须抱着真诚、理解和尊重的态度，营造一种不批判、不威胁的心理氛围，让学生在课堂上感到安全和被理解。非指导性教学不仅能让学生更自主地学习，还能让学生更深刻地理解所学知识的个人意义，从而更有效地实现自己的成长和发展目标。

7.人本主义教学理论对当代教育的影响

人本主义教学理论自提出以来,就对当代教育产生了广泛而深远的影响,主要表现在以下四个方面。

(1)对人际关系的关注。传统教育更注重学生与环境的关系,而人本主义教学理论强调教育是人与人之间的互动过程,将师生关系视为教育的核心环节。教育不再是知识的单向传递,而是建立在尊重和理解基础上的相互影响。

(2)强调个性发展。根据人本主义观点,教育不仅是知识的传授,更是学生人格的塑造。教育不仅要发展学生的智力,更要关注学生的情感、价值观和信仰,帮助学生形成积极健康的自我接纳,从而塑造完整的人格。

(3)注重内因。与注重外在行为的行为主义不同,人本主义强调学生的内心世界,包括情感、信念和价值观等至关重要的因素。这种关注将教育的重点从单纯的行为管理转向了满足学生的内在需求,使教育回归了"人"的核心。

(4)关注学生经验的个体意义。人本主义认为,知识不仅是外在的客观真理,更是主观的认识,与生活经验息息相关。因此,在教育过程中,应尊重学生的个体经验,帮助他们在学习过程中找到自我实现的途径。

人本主义教学理论从人的内在需求出发,将教育的目的从单纯的传授知识转向全面的自我实现,强调建立师生关系,激发个人潜能,帮助学生自我接纳。该理论重视情感、动机和个体体验在教育中的重要性,并通过培养良好的师生关系、以学生为中心的教学理念和非指导性的教学方法,促进学生的全面发展。

(四)建构主义教学理论

建构主义教学理论是一种由认知科学、生态学、人类学、社会学等多学科交叉发展而来的教学理论。建构主义教学理论主张教学应该在真实、复杂的情境中进行,教师支持学生通过互动、探究、自我建构和反思等方式主动掌握知识。建构主义教学理论认为,知识不是被动获得的,而是学生在具体情境中与环境和他人的互动中逐步建构起来的。

1. 营造探究和互动的实践环境

建构主义教学理论强调教育者要创设真实或者仿真的学习情境，教师要创造机会为学生提供探究和社交的可能性，学生可以在情境中建构知识。教师提倡学生积极参与实践，学生经历讨论、推测、探究、解释和评价等教学活动后，逐渐形成个人观点和解决问题的方法。学生不仅要辩证分析"对与错"的问题，还要尽可能在真实情境中理解问题，这有助于学生获得与社会现实相联系的知识，提高学生的社会交往能力。

2. 开设现实问题导向的开放课程

建构主义教学理论认为，知识的学习不可能完全与具体的活动方式区分开来。因此，课程设计必须在反映学科知识结构的同时，考虑学生参与活动的类型与方式。课程设计不是一个封闭的活动，而是一种与现实生活相联系的开放式结构。教师可以在课程中适当加入复杂的现实问题。同时，教师使用多媒体设备、计算机等，可以帮助学生在接近现实世界的环境中学习。学生积极参与这种开放式课程，可以在解决实际问题后获得相应的经验，并且学生可以不断探索和思考，加深对所学内容的理解。

3. 鼓励使用多元化的评估方法

建构主义所倡导的评价体系不同于传统的评价方法，它更关注学生在真实情境中的表现，尤其是学生探索和参与实践活动的能力。多元化的评估方法不仅使学生可以观测到个人的表现情况，还可以关注到团队合作的效果。学生参与评价后，可以逐渐发展自己的判断力和责任感，增强团队意识。

4. 支架式教学法

支架式教学是实施建构主义教学理论的重要方法之一。支架式教学由教师通过"支架"提供必要的支持，帮助学生逐步实现自主学习。教师需要在教学的初期引导学生学习，随着学生技能的提高，教师需要有意识地逐渐减少支架，使学生最终能自我调节，独立解决问题。

在支架式教学中，教师需要先向学生介绍问题情境，然后向学生提供适当的工具和资源；教师还需要帮助学生设定合适的学习目标；教师要鼓励学生探索不同的解决方案，并且及时为学生提供反馈以帮助他们进行改进。这种支架式教学方法强调学生的主动性，要求学生自己计划、监督、评价和调节学习活动。随着支架的逐渐拆除，学生可以逐步掌握知识，并且逐渐熟悉知识内化的过程，在这个过程中，学生可以提高自我调节能力。支架式教学是一种引导学生探索、发现、反思和内化的过程，他们可以在完成这个任务的过程中有效地建构知识。

5. 斯皮罗的随机通达教学理论

美国人类学教授兰德·斯皮罗（Rand Spiro）的随机通达教学理论对传统的知识教学方法提出了挑战。斯皮罗认为，学生应该在各种情境中学习知识，并且以不同的方式多次接触相同的知识内容，从而形成对知识的多角度理解。随机通达教学不是简单地重复学习，而是通过改变情境，让学生从不同角度理解同一概念。

这种多情境、跨视角的教学方法有助于学生将所学知识与现实世界的经验联系起来。例如，教师在教学中可以通过不同的案例来展示同一概念的应用，让学生不仅记住知识本身，还学会在不同情境中应用知识的技能。随机通达教学注重情境体验的塑造，学生可以在丰富的案例和情境中加深理解，灵活运用知识，避免机械记忆知识。

建构主义教学法强调学生的自我调节能力和学习动机，主张在真实的问题情境中培养学生的探究能力和社会交往能力，以及自我调节能力和学习动机。

针对几种常见的教学理论，以表格形式做出总结，如表 2-3 所示。

表 2-3　几种常见教学理论的总结

教学理论	核心观点	教学目标	教学方法	评价方式	主要代表人物
行为主义教学理论	强调学习是外部刺激和行为反应的联结，学习的核心在于行为的改变	通过条件反射和强化机制，培养特定行为反应	使用强化、奖惩、条件反射和程序教学等方法，操控学生的行为改变	依据学习者的行为表现和反应速度进行评价	华生、斯金纳、桑代克

续 表

教学理论	核心观点	教学目标	教学方法	评价方式	主要代表人物
认知主义教学理论	重视学习者对知识的主动加工和理解，关注认知过程	发展认知结构，帮助学生构建清晰的知识系统	运用程序化的教学设计，分阶段引导学生理解、记忆与应用知识	结合形成性评价和终结性评价，重点评价知识掌握程度	皮亚杰、加涅、布鲁纳
人本主义教学理论	强调自我实现和人性发展的需求，关注学生的情感和个性发展	促进学生自我实现和全面发展，注重个体情感与社会化	提倡非指导性教学，以学生为中心的教育观，建立良好师生关系，支持情感体验	多重评价，注重自我评价和他人评价，关注学生内在成长	罗杰斯、马斯洛
建构主义教学理论	学习是知识建构的过程，知识在情境中和与他人的互动中建构	设置真实情境和社会化活动，促使学生主动建构知识	创设真实情境，开展探究式学习，使用支架式教学，强调合作和互动	强调情境化评价，关注学生在实际任务中的表现和理解深度	维果茨基、斯皮罗、皮亚杰

第二节　教育心理学基本理论

与义务教育紧密相连的教育心理学理论，主要可以从以下三种学习理论着手，这也是为了后续深入研究的开展而奠定必要的理论基础。

一、格式塔学习理论

20 世纪初，格式塔学习理论在心理学领域兴起，成为多位心理学家认可并研究的一种学说。这是由德国心理学家沃尔夫冈·柯勒（Wolfgang Köhler）提出的一种强调人类经验和行为整体性的理论。格式塔学习理论认为，人类的行为和思维是一个不可分割的有机整体，人的行为、思维需要作为一个整体看待，不能简单地用各部分的总和来解释。该理论提出了顿悟和完形的概念，并且揭示了人类在认知过程中独特的思维和学习机制。

（一）顿悟理论与行为主义的区别

顿悟理论是格式塔学习理论的重要组成部分，强调顿悟学习过程与行为主义的试错过程是截然不同的。行为主义认为，人的学习行为是反复试错的结果，而顿悟理论则强调，学习是一个理解的过程，个人能够借助整合和重组已有的信息来实现顿悟。这种顿悟不是经过盲目试验而得到的，人对知识进行了内在理解后可以产生顿悟。一个人之所以会产生错误不是因为尝试本身，而是因为人并没有准确理解知识的本质。在学习过程中，顿悟是要由人内发、突然领悟，它能迅速而持久地影响个体对问题的解决方式，让人理解到问题的本质。

（二）格式塔学习理论

格式塔是德语"完形"（Gestalt）的音译，意为"整体"或"完整"。格式塔理论认为，人类的心理活动在思维和行为层面上是一个完整的过程，它先于认知，并具有自身的规律性。格式塔学习理论强调个体的思维活动会自发地将感知材料组织成一个有意义的整体。人类在面对复杂的信息和环境变化时，需要学习重建整体认知结构，并不断完善和更新对世界的认识。格式塔学习理论有四个主要特征，具体如下。

1. 突然性

当一个人突然产生新的想法或解决方案时，就会出现顿悟，通常是突然意识到的。

2. 结构性重组

个体通过重新整合现有信息，重新组合问题的关键要素，从而获得全新的理解。

3. 内省

顿悟过程伴随着对思维过程的反省，有时甚至是在无意识中发生的。

4. 快速且持久

顿悟式学习的效果通常是快速而深刻的，知识可以保留很长时间。

（三）格式塔学习理论在教育中的应用

格式塔学习理论对教育实践有着深远的影响。它补充了传统的行为主义教学理论，强调了重组思维在解决问题中的作用，这为教师开展教学活动提供了新的启发。根据格式塔学习理论可知，教师应注重为学生营造积极的学习环境，提供丰富的经验和知识，鼓励学生独立思考，自己产生顿悟。此外，教师要承认学生的个体差异，采用个性化的教学方法帮助学生提高认知能力。

格式塔学习理论强调个体认知结构的完整性，突出了学生主动性和整体认知的必要性，为注重整体学习观的现代教育理论提供了框架。

二、发现学习理论

发现学习理论是由美国心理学家、教育家杰罗姆·布鲁纳提出的。发现学习理论主要强调学生在学习过程中可以主动发现新知识、新技能和新概念的观点。发现学习理论的提出对现代教育理论的发展产生了巨大影响。布鲁纳认为，学习不是简单的知识传递，而是一个包含主动探索和主动发现的过程。发现学习理论强调学习者赋权和个性化学习的重要性，主张教育应激发学习者的探索精神和创造性思维。

（一）发现学习理论的主要观点

1. 建构知识

布鲁纳认为，学习的本质是个体完成知识建构的过程。学习者是在面对问题和发现解决方案的过程中逐渐理解新知识的。学生采取自主探究的学习方式，培养创新精神和独立思考的能力，也能够建立起独立的知识体系。

2. 问题导向的学习

发现学习理论强调问题导向。学习者是先从问题出发，并且在解决实际问题的过程中，积极参与学习活动，以达到较好的学习效果。这种问题导向的探索式学习，不仅拓展了学习的深度和广度，还能使学习者学习的知识更贴近实际。

3. 适度地指导

布鲁纳强调适度指导的重要性。布鲁纳认为，教师如果提供过多的指导，不仅不会起到积极作用，还有可能会抑制学生自主探索的意向，而教师指导不足又会导致学生产生困惑。因此，教师需要抓住机会，并在关键时刻及时指导，帮助学生有效地开展自主探索。

4. 个体差异与个性化指导

每个学生的学习方式和学习速度都存在差异，发现学习理论强调教师需要采取个性化教学。教师应根据学生的特点灵活调整教学内容和教学方法，以更好地满足不同学习者的需求，提高学习效果。

5. 有意义地学习

布鲁纳认为，有意义地学习至关重要。学生学习的目的是应用，学生只有在真实的情境中运用新知识，学习才更有意义。学生只有有了比较积极的学习意愿，才能更积极地参与学习过程。教师面对有着积极学习意向的学生，才能更好帮助学生内化所学知识，加深理解。

（二）发现学习理论的教育意义

发现学习理论对当代教育有着深刻的启发意义。

1. 强调学生的主体地位

发现学习理论强调学习者的主体地位，理论多次重申，教师应该鼓励学生主动学习。教师应注重培养学生的自主学习能力和独立思考能力，提高学生独立解决问题的能力。

2. 创设真实的学习情境

教师应为学生创设真实的学习情境，通过理论联系实际，加深学生对知识的理解。

3. 关注个体差异

发现学习理论强调教师要充分了解每个学生的个性特点，教师要根据学生的具体情况调整教学，满足学生不同的学习需求。

4. 教育过程中的合作与交流

发现学习理论还提倡学生要在教育过程中，加强相互之间的合作与交流。教师鼓励学生互动交流，分享学习经验，这不仅有助于培养学生的团队合作能力，还能培养学生的沟通能力和人际交往能力。

5. 终身学习的重要性

布鲁纳强调终身学习的重要性，认为教育应帮助学生养成不断学习的习惯，使学生可以适应不断变化的社会需求。

（三）发现学习理论在教育实践中的应用

1. 设计课堂教学

在课堂教学中，教师可以运用发现学习理论设计富有吸引力的学习任务和问题，激发学生的探究兴趣。教师要鼓励学生自主探索和解决问题，帮助他们建立独立的知识框架。

2. 课外活动

教师可以设计一些课外实践和探究活动，让学生在动手操作中获得直观体验。课外活动能提高学生的实践能力，教师在组织开展课外活动时，还有助于学生增强创新意识和提高解决问题的能力。

3. 差异化的评价方法

教师在评价学生的学习成绩时，应充分考虑到学生在探索学习中所付出的努力。具体来说，教师要采用实践操作能力、团队合作能力等差异化评价方法。教师为学生提供及时的反馈，有助于学生认识到自己的优缺点，支持他们学习进步。

4. 利用现代教育资源和技术

教师可以借助多媒体、互联网等现代教育资源，为学生提供丰富的教学内容，开阔学生的学习视野，激发学生的学习兴趣，让学生在数字化的学习环境中自主发现知识。

5. 家庭教育的应用

家长还可以将发现学习理论的理念应用到家庭教育中，鼓励孩子主动发现问题、解决问题，培养孩子独立思考的能力。家长应关注子女的兴趣和个性特征，提供适当的教育支援，帮助他们发挥潜能。

发现学习理论为教师提供了一种启发式的教学思想，教师鼓励学生自主探索，可以使学生变得更加主动和富有创造性。

三、社会认知学习理论

美国心理学家阿尔伯特·班杜拉（Albert Bandura）提出了社会认知学习理论，这是一种强调人的认知过程会对人的行为产生影响的理论。

（一）社会认知学习理论的内涵

个体的行为会对外界刺激做出被动反应，另外个体的行为也是环境、行为和认知因素相互作用的结果，班杜拉将这种相互作用称为"相互决定"。班杜拉认为，在很大程度上，人的行为形成和发展取决于个人对外部刺激的感知和解释，这一过程不仅包括直接刺激强化，还受预期、判断、记忆等认知过程和通过模仿榜样进行学习的影响。

在班杜拉的社会认知学习理论中，观察学习是一个关键机制。通过观察榜样的行为和其行为的后果，个体可以获得新的行为模式，而无须通过个人经验的直接强化来学习。例如，在班杜拉著名的玩偶实验中，他发现儿童会模仿成人对玩偶的攻击行为，这表明个体可以通过观察他人的行为及其后果来学习新的反应方式。

社会学习理论中的另一个重要概念是自我效能感，它是指个体对自己在特定情况下实现目标的能力的信念。自我效能感决定了个人尝试新行为、面对挑战和解决问题的意愿。具体表现如下：自我效能感高的人往往坚信自己会成功，这样的人表现出更大的坚持性和对成功的期待；自我效能感低的人则期待失败，这样的人更容易逃避挑战。因此，自我效能感在行为选择和个人坚持方面起着关键作用。

社会认知学习理论强调个人的自我调节能力。班杜拉认为，个体不仅会被动地接收来自外部世界的信息，还会通过评估自己的行为、设定目标和自我强化来进行自我调节。这种自我调节过程使个人能够控制自己的行为，优化自己的表现，同时适应环境。社会认知学习理论提出了行为、环境和认知三者相互作用的模式，强调了个人认知因素和自我效能感在学习过程中的核心作用。这一理论不仅扩展了传统的行为主义观点，还为教育和心理干预领域的应用提供了一个实用的框架。

（二）社会认知学习理论在教育实践中的应用

班杜拉提出的社会认知学习理论强调个人行为、认知和环境之间的互动关系。在教育实践中，这一理论启发教师从整体角度构建学习环境，让学生通过互动和观察获得全面发展。比如，教师在课堂教学中采用互动的方式，鼓励学生开展小组讨论、问答等活动，这些教学活动可以引导学生积极参与其中，学生也可以在参与活动的过程中发展智力、情感和认知等方面的能力。这样的学习氛围不仅能让学生更自然地获取知识，还能促进他们的社会情感发展，同时学生也可以高效地完成学习过程。

教师的行为和态度对学生的学习动机有直接影响，好的榜样能激励学生朝着积极的方向努力。教师的鼓励、指导和情感支持是一种力量，教师可以帮助学生树立信心，让他们在学习过程中获得成就感。教师为学生提供及时、具体的反馈，学生可以认识到自己的优缺点，进而明确改进的方向。反馈不仅是对学生表现的评价，还是学生发展的重要指导，学生在反馈中不断完善自我，在这种情境下逐渐找到合适的学习策略。

社会认知学习理论强调学生协作和沟通能力的发展，协作学习可以为学生提供更多的社会情境。面对一些现实问题，学生采取分工合作的方式解决问题，在这个过程中不仅能加深对知识的理解，还能培养团队合作精神和人际沟通能力。

社会认知学习理论在教育实践中的应用，可以让教师从环境设计、角色塑造、反馈调节等多方面全面促进学生的发展。

第三章　认识思辨能力

第一节　思辨与相关概念的关系

"思辨能力"一词来自英语，翻译为"批判性思维能力"或"高层次思维能力"。其词根可追溯到希腊语中的"kritikos"和"kriérion"，这两个词分别指"有洞察力的判断"和"基于适当评价标准的明智思考"。其实，仅仅分析"思辨能力"一词的词根来源，人们也能清楚地感受到思辨能力强调理性分析和逻辑评价的重要性。理性分析和逻辑评价为一个人拥有批判性思维奠定了坚实的逻辑、评价和客观基础。

关于批判性思维能力的研究，源于西方文化中的"批判性思维能力"概念研究。按照西方学者的定义，辩证能力包括识别和分析信息并得出合理结论的能力。美国教育家爱德华·格拉泽（Edward Glaser）认为，思辨能力在解决问题和评价信息方面发挥着关键作用，具有思辨能力的人使个体能够区分信息，并且可以凭借已有的分析形成恰当的结论。美国哲学联合会从技能和人格两个维度对思辨能力进行了定义，主要强调了分析、推理和评价等技能的重要性，以及思辨能力具备开放性和好奇心等人格特质。

根据学者们的定义可知，思辨能力的内涵主要可以从两个维度进行分析。一是认知技能，包括推理、分析和判断能力，赋予个人逻辑分析的工具，使他们能够从事实出发进行深入思考。二是人格特质，包括开放性、诚实性和分析性，反映了个人在思考过程中的态度和倾向。这两个维度是相互支持的关系，教育者想开发受教育者的思辨能力，就必须从这两个维度着手。

在中国学术界，不同研究者对"思辨能力"的翻译和定义都有着不同的看法。有学者认为，"思辨能力"一词应译为"批判性思维能力"，而文秋芳等学者则认为这种译法并不全面,建议改为"高层次思维能力"。这种争议反映了不同的文化背景对"思辨能力"翻译的不同影响,究竟如何准确表达"思辨能力"所蕴含的理性思维品质,需要研究者进一步深入探索。

我国学者朱智贤、林崇德认为,批判性思维能力与思维能力密不可分,但又不完全是一回事。思维能力是人脑对客观事物规律关系的概括和反映,具有概括性、间接性、逻辑性和目的性等特点。辩证思维能力则属于更高层次的思维活动,特别依赖逻辑性和目的性两大关键点,同时强调在具体情境中的反思和适应。根据思维的智力质量和抽象程度,思维能力可以表现为重复性或创造性,而辩证思维能力则偏重创造性,是一种更积极、深刻的思维方式。

思辨能力具有分析、推理等高层次的认知特点,同时个体具有思维个性倾向。虽然在翻译过程中会出现不同的文化理解和语言差异,但其核心始终是理性思维。对于中国教育系统来说,将批判性思维能力理解为"根据标准对观点或事实进行逻辑评价的能力",有助于厘清这一概念的核心内涵,促进其在教育教学中的有效应用。

第二节 思辨思想的产生与发展

一、思辨思想的产生

古代哲学家对认知和存在的思考,是研究思辨思维的起源。这些哲学先驱在探究世界本质的过程中,已经发展出一种反思性、批判性和逻辑性的思维方式,即思辨思维。许多学者认为,关于思辨思想的根源可以追溯到古希腊哲学家苏格拉底(Socrates)的问答法,但是,如果再进一步追溯,可以发现古希腊哲学家巴门尼德(Parmenides of Elea)的"存在论"已经开创了批判性思维的先河。研究者面对这些早期思想,可以了解思辨思维的发展及其在哲学体系中的基础作用。

（一）巴门尼德的"存在论"

巴门尼德是目前可考，最早提出存在论的哲学家之一，他的思想对后世思辨思维的发展产生了重要影响。巴门尼德认为，人类的感性知识必须经过批判性过滤，才能让人获得真正的理性知识。这种人要经过批判、辩证思考才能得出真理的过程，体现了一种"求同存异"的辩证精神。这种人只有对不同观点进行比较和深入思考，才能发现事物的本质。巴门尼德的弟子芝诺（Zeno of Elea）进一步发展了巴门尼德的思想，逐渐创立了一套系统的辩论方法。这种方法不仅强调了逻辑推理，还巧妙地引入了批判性思维的概念，为后来的思辨思维的发展奠定了基础。

巴门尼德的存在论是哲学史上的分水岭，是一种前所未有的开创性发展。巴门尼德对人的知觉经验抱有真实性质疑，他认为存在是唯一真实的东西，知觉变化现象可能是一种幻觉。这种将理性置于感性之上的思维方式，促进了思辨思维雏形的形成。这种思维方式的根本在于质疑表象，通过深入思考发现表象背后的"真相"，而这也正是思辨思维的核心。

（二）苏格拉底的问答法

苏格拉底被认为是哲学史上辩证思维的代表人物之一，他的问答法是辩证思维的经典模式。苏格拉底认为，人要在不断地提问，并不断反驳别人的回答后，才可以让自己意识到思想中的矛盾，最终从问答中得出真理。这种方法通过探讨矛盾、追问细节，让人们不断反思自己的信念，最终获得更接近真理的理解。问答法不仅是一种探求真理的工具，还是培养辩证思维能力的必要手段。不断提问和反问，促使对话双方参与者深入思考，逐渐揭示出他们观点中的矛盾之处。

苏格拉底的问答法对思辨思维产生了深远的影响，不仅因为它指引了哲学探究的思维方式，还因为它鼓励人们质疑表象之下的本质所在。这种问答方式也被后来的思想家，如柏拉图和亚里士多德继承和发展。柏拉图在自己的著作中多次详细介绍了苏格拉底的问答方法，并展示了如何通过对话逐层剥开事物的表层，找到问题的核心。亚里士多德也延续了问答法背后的探究精神，并且将思辨思维应用于回答各种哲学问题。

从巴门尼德到苏格拉底，思辨思维逐渐成为哲学思维的主要形式。巴门尼德的存在主义提供了思辨思维的最早形式，它侧重于通过对感觉经验的批判来寻求真理。苏格拉底将这种思辨思维深化为一种问答方法，通过提问和探索，对自己的见解和信念的正确性进行反思。在这一过程中，思辨思维不仅成了一种哲学方法，还成了促进认知发展的工具。

思辨思维的出现和发展，标志着人类思维从简单的经验认知发展到了理性的批判反思。这种思维方式从质疑和批判开始，通过逻辑分析和多角度思考来揭示事物的本质。

二、思辨思想的发展

思辨思维的发展历程主要分为四个阶段：萌芽阶段、发展阶段、快速发展阶段和繁荣阶段。每个阶段都是思辨思维在教育领域逐步成熟和完善的过程。从理论探讨到实践应用，人们逐步认识到了思辨思维在教育领域的基本地位。

（一）萌芽阶段

思辨思维真正的萌芽阶段，指的是1919年至1939年。在这一阶段，现代教育学的奠基人之一、思辨思维的先驱约翰·杜威（John Dewey）在这一时期发表了大量与思辨思维相关的文献。杜威认为，教育的终极目标是教授学生一种能够让他们深入思考的思维方式，他称之为"反省思维"。在杜威看来，"反省思维"不仅是教育的目标，更是学校教育的重要组成部分。他主张将这种思维方式融入教育，帮助学生学会质疑、分析、反思和独立判断。杜威的这些思想为思辨思维教育的开创性工作奠定了基础，后来的思辨思维教育方法在很大程度上是杜威反省思维概念的延续和扩展。

（二）发展阶段

1940年至1970年是思辨思维的发展阶段。在这一阶段，思辨思维逐渐被确立为正式的教育术语，并被许多学者研究和讨论。1941年，思辨思维技能作为一个专业名词正式出现，标志着思辨思维进入了系统发展的新阶段。美国著名心理学家和教育家爱德华·格拉泽（Edward Glaser）以儿童心理学视角，出版了《批判性思维发展实验研究》一书，建立了思辨思维研究的初步框架。在格拉泽的影响下，1946年，美国心理学家罗伯特·布莱克（Robert Black）的《批判性思维：逻辑与科学方法引论》出版，1954年，美国教育委员会（American Councilon Education）出版了如 Critical Thinking in Social Science 等重要著作，丰富了思辨思维的理论体系，其在教育中的应用逐渐得到认可。此外，20世纪60年代之后，美国认知发展理论研究者皮亚杰（Jean Piaget）的理论研究为思辨思维提供了认知发展理论支持，进一步推动了思辨思维在学术界的应用和发展。

（三）快速发展阶段

1970年到1990年是思辨思维的快速发展阶段。在这一阶段，思辨思维成为许多教育体系的重要组成部分，各学科的教师开始意识到培养学生思辨思维的重要性。在这一阶段，许多美国高校认识到思辨思维是其教育目标的关键所在，制定了各种相关措施促进学生思辨能力的提升。以哈佛大学为例，1986年，校长德里克·博克（Derek Bok）在《高等教育》一书中探讨了文理教育协调发展的问题，强调思辨思维是全面提高学生素质的核心。哈佛大学还积极推动跨学科思辨思维能力的培养，以全面塑造学生的思维习惯，而不是局限于掌握特定学科的知识。哥伦比亚大学也开设了专门的核心课程来帮助学生培养思辨思维，哥伦比亚大学将培养学生的思辨思维能力作为其教育目标之一。这一阶段的思辨思维的教育方法也在不断探索和实践中，涉及多个学科的交叉，为以后的繁荣发展奠定了基础。

（四）繁荣阶段

从1990年至今，思辨思维进入了多元化、深层次发展的成功阶段。思辨思维的培养也逐渐从理论探讨走向教育实践，成为西方教育不可或缺的一部分。教育的目的已从单纯的知识传授转向能力培养，教育的目的尤其强调培养学生分析问题和解决问题的思辨思维，1998年，世界高等教育大会发表的《面向21世纪高等教育宣言》明确提出了培养学生思辨思维和分析能力的教育目标。这意味着思辨思维在国际教育中被广泛接受和重视。

在这一阶段，许多国家的高校逐渐普及了思辨思维的相关课程，旨在帮助学生培养批判性的逻辑思维方式。随着相关教学方法的普及，学术界对思辨思维教学方法的研究也越来越深入，思辨思维不仅成为教育的核心内容，还成为实现个体认知能力发展的重要手段。

思辨思维从萌芽到蓬勃发展，反映了人类思维的不断进步。在这一历程中，思辨思维从个体思考发展为教育目标，体现了现代教育对思辨思维、独立判断和解决问题能力的重视。通过思辨思维教育体系的逐步完善，各个教育机构和学科领域都参与其中，为学生创建了一个广泛适用的思维框架，使他们能够在复杂的信息环境中做出理性的判断。这一发展不仅丰富了教育理论，还为当代思辨思维的普及和深化奠定了坚实的基础。

第三节 思辨能力的理论模型与构成要素

理论是实践的前提，可以说理论模型的构建为实际应用奠定了基础。研究者只有深入理解各个理论模型的构成要素和理论框架，才能将这些思维能力模型更有效地应用于教育实践。因此，目前关于思辨能力理论模型的相关研究已经成为诸多学者研究的重点，其中以下五种思辨能力的理论模型已经成为主流的研究成果。这些模型从不同维度分析了思辨能力的复杂性和多样性，为思辨教育的发展提供了重要的理论支持。

一、单维结构模型

美国批判性思维运动的开拓者罗伯特·恩尼斯（Robert Ennis）提出的单维结构模型是最早的思辨能力模型之一，这个模型关注思辨能力培养的必要构成要素。他的模型由六种关键技能组成，被称为"FRISCO"模型，即focus（关注）、reasons（推理）、inference（推论）、situation（情境）、clarity（澄清）、overview（评价）。在这一模型中，每种技能的功能都有所侧重，具体如图3-1所示。

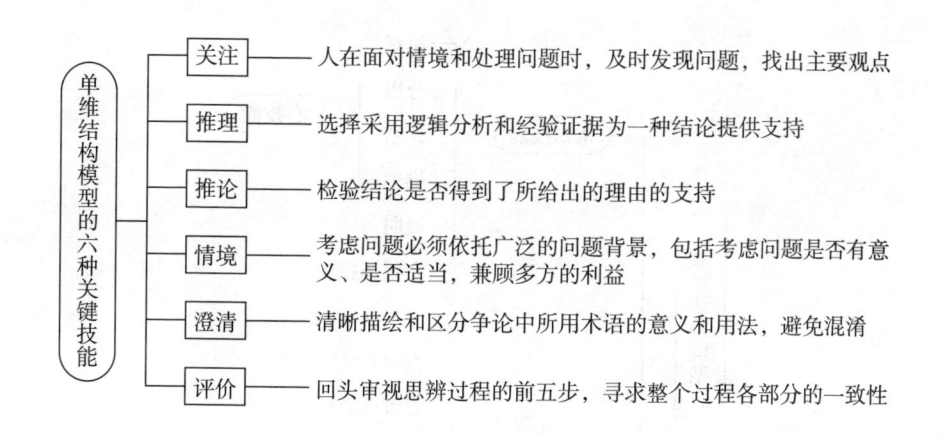

```
单                 ┌─ 关注 ── 人在面对情境和处理问题时，及时发现问题，找出主要观点
维
结                 ├─ 推理 ── 选择采用逻辑分析和经验证据为一种结论提供支持
构
模                 ├─ 推论 ── 检验结论是否得到了所给出的理由的支持
型
的                 ├─ 情境 ── 考虑问题必须依托广泛的问题背景，包括考虑问题是否有意
六                 │           义、是否适当，兼顾多方的利益
种
关                 ├─ 澄清 ── 清晰描绘和区分争论中所用术语的意义和用法，避免混淆
键
技                 └─ 评价 ── 回头审视思辨过程的前五步，寻求整个过程各部分的一致性
能
```

图 3-1　单维结构模型的六种关键技能

单维结构模型的六种关键技能的具体功用各不相同，它们共同建构起了一个较为初始的思辨能力理论模型。然而，尽管单维结构模型明确界定了技能框架，但这个模型相对而言还是过于简单，尚且不能充分反映思辨思维所具备的复杂性、动态性特点。

二、双维结构模型

针对恩尼斯提出的单维结构模型存在的情感倾向的欠缺问题，1989年"特尔斐"项目组采用质化法，建构了以单维结构模型为基础的双维结构理论模型。这种双维结构理论模型，强调思辨能力包括两个独立而又相关的维度，即认知技能和情感倾向。双维结构模型如图3-2所示。

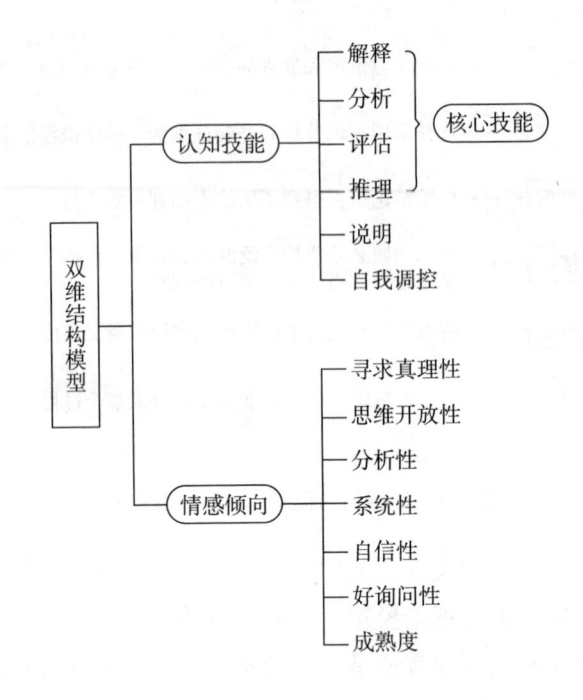

```
                    ┌─ 解释
                    ├─ 分析  ┐
         ┌─ 认知技能 ├─ 评估  ├─ 核心技能
         │          ├─ 推理  ┘
         │          ├─ 说明
         │          └─ 自我调控
双维
结构 ─┤
模型    │          ┌─ 寻求真理性
         │          ├─ 思维开放性
         │          ├─ 分析性
         └─ 情感倾向├─ 系统性
                    ├─ 自信性
                    ├─ 好询问性
                    └─ 成熟度
```

图 3-2　双维结构模型

双维结构模型强调，个体进行单项判断时，往往仅需要单项能力就可以完成任务。但是如果个体面对的是较为复杂的任务或者一个系统性的任务，那么个体就需要认知和情感之间的协同作用。在复杂的情况下，人们通常会主动选择综合多项能力，激发自身潜能，而个体则能够对知识产生的背景、理论、方法、证据和标准做出正确的判断。

三、三元结构模型

2006 年，美国教育学家理查德·保罗（Richard Paul）和琳达·埃尔德（Linda Elder）面对思辨能力的理论模型这一问题，提出了三元结构模型。该模型主要包括三个基本组成部分：标准、元素和智力特征，这三大组成部分构成了思维的循环链。该模型认为，思辨能力应包括有效和合理的思维标准，这些标准可以为人们提供有益的参考，用来评估自己和他人的思维能力。三元结构模型如图 3-3 所示。

第三章 认识思辨能力

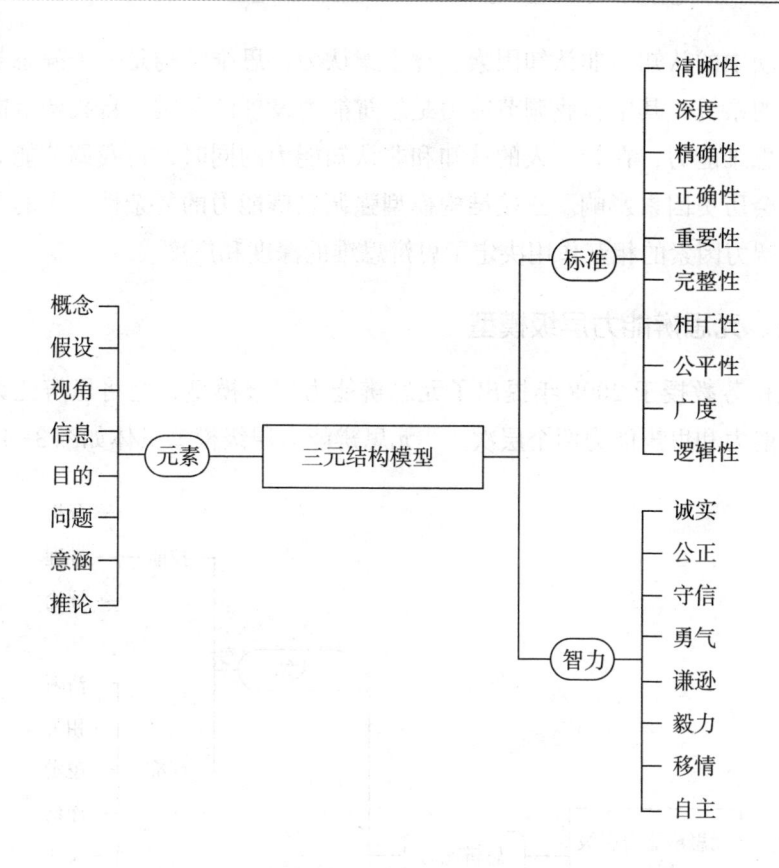

```
                                    ┌─ 清晰性
                                    ├─ 深度
                                    ├─ 精确性
                                    ├─ 正确性
                                    ├─ 重要性
                              ┌ 标准 ┼─ 完整性
   概念 ┐                      │    ├─ 相干性
   假设 ┤                      │    ├─ 公平性
   视角 ┤                      │    ├─ 广度
   信息 ┼ 元素 ── 三元结构模型 ─┤    └─ 逻辑性
   目的 ┤                      │
   问题 ┤                      │    ┌─ 诚实
   意涵 ┤                      │    ├─ 公正
   推论 ┘                      │    ├─ 守信
                              │    ├─ 勇气
                              └ 智力 ┼─ 谦逊
                                    ├─ 毅力
                                    ├─ 移情
                                    └─ 自主
```

图 3-3 三元结构模型

三元结构模型强调，人的发展方向应该是沿着思维能力的发展，否则高效的思维能力容易偏离发展的主干道。三元结构模型还强调智力特质和情感特质的结合，认为思维标准是在话语过程中指导话语判断的基础，而智力特质和情感特质则共同推动着思维的动态循环。三元结构模型的一个显著特点是注重自我调节和反思，教育者使用规范和标准，可以强化个人的思维发展，并有助于个体提升评估他人的思维能力，将自我调节和反思能力紧密结合在一起。

四、三棱结构模型

2006 年，我国学者林崇德同时提出了三棱结构模型，他将思辨能力扩展为六个维度：思维的监控、思维的品质、思维过程、思维材料、思维目的、

069

思维活动中的认知与非认知因素。林崇德认为，思维结构是一个静态与动态相统一的系统，其中自我调节能力是思辨能力发展的关键。自我调节能力是一种元思维能力，在管控人的认知和非认知能力的同时，自我调节能力受环境和社会历史因素影响。三棱结构模型强调思辨能力的复杂性，人的非智力因素与智力因素的相互作用决定了思辨思维的深度和广度。

五、元思辨能力层级模型

文秋芳教授于 2008 年提出了元思辨能力层级模型，她将思辨能力分为元思辨能力和思辨能力两个层次。[①] 元思辨能力层级模型具体如图 3-4 所示。

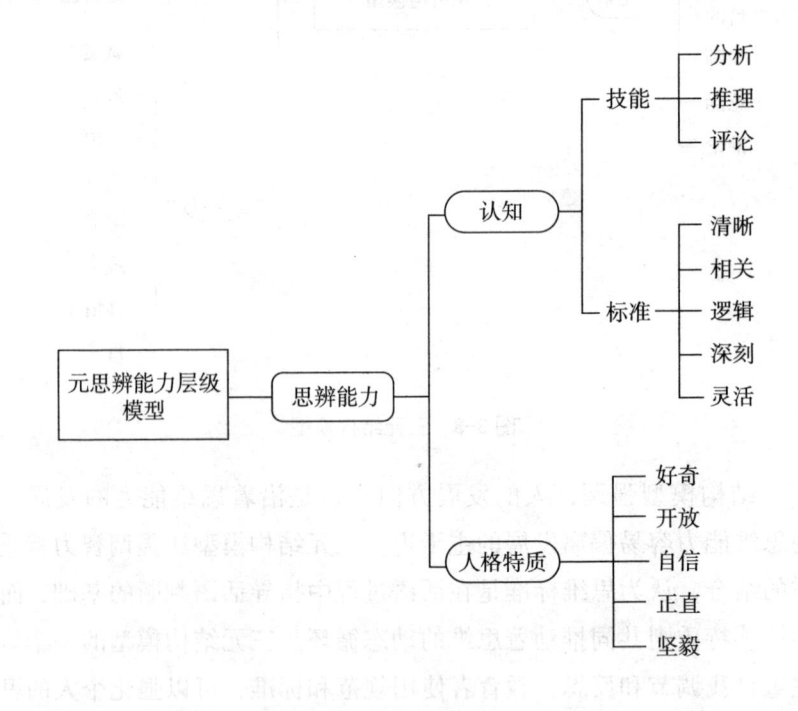

图 3-4 元思辨能力层级模型

根据图 3-4 可知，这些标准强调话语过程的精确性、系统性和深度性，认为元思辨能力只有在多重标准的指导下，才能被激发出来，而只有元思辨

---

① 文秋芳．"云连接论"的构想和应用［J］．外语教学与研究，2022，54（1）：66-78，159-160．

能力得到开发，才能进一步引领思辨能力的发展。

　　元思辨能力层级模型相较于之前的思辨能力的理论模型，层次性更强，进一步突出了层次清晰、结构严谨的特点，强调元思辨能力在思辨能力培养中的指导作用，使思辨能力的培养在理论模型上更加系统化和实用化。元思辨能力层级模型强调人的主观能动性的重要作用，这也在一定程度上弥补了三棱结构中层级关系不明的问题，是一种更加全面的思辨能力理论模型。

第四节　影响思辨能力发展的多元因素

　　思辨能力的培养和发展受到诸多因素的影响，影响思辨能力的三个关键因素是社会文化因素、个性特征因素和教学因素。从事教育工作的相关人员想要提升学生的思辨能力，就必须先行深入分析这些因素，这对于教育工作者了解如何有效培养和提高学生的思辨能力具有重要意义。

一、社会文化因素

　　之所以说社会文化因素对个体思辨能力的形成起着重要作用，是因为社会环境对人的影响是深远的，社会可以起到塑造个体的认知模式和思维方式的作用，进而影响个体的思辨能力发展水平。在不同社会文化环境中成长的个体，潜移默化地受不同文化观念和思维习惯的影响，也一定会相应形成自己独特的认知模式。例如，在城市环境中长大的儿童，从小就能接触到各种教育资源和社会资源，相应地会发展出独立分析和思辨的能力。反之，一个儿童如果是在较为封闭的环境中成长的，就很容易受其经历和视野的局限，儿童容易缺乏较为全面的逻辑推理能力。

　　此外，不同的社会文化背景会影响一个人的学习模式和思维偏好，这也会对思辨能力产生巨大影响。例如，在以前，东亚学生受社会文化的影响，更喜欢以背诵记忆、重复性为主的学习方法。相对而言，他们对于一些表现自我的内容则不太擅长，没有在课堂上积极表达个人观点的习惯。这种较为被动的学习模式在一定程度上会抑制思辨能力的发展。随着社会发展变迁，近年来这种固有的文化标签已经在发生改变。无论是东亚学生还是欧洲学生，都不再受固有标签的束缚，在面对复杂问题时，他们都能表现出不同程度的思辨思维。因此，社会文化的确会对人的思辨能力产生影响，但是不能简单地将社会文化等同于影响人思辨能力的单一因素，研究者应辩证地看待社会文化因素对思辨能力的影响，避免简单地贴标签分析。

二、个性特征因素

如前所述，社会文化因素不是影响个体思辨能力高低的单一因素，个人特征对思辨能力的发展也有重要影响。人的性别、年龄和语言水平都是影响思辨能力发展的主要因素。

性别影响人的思辨能力的具体表现可以从一些例子中找到。在通常情况下，男性在数学推理测试中的表现会好于女性，而女性则能在语言和议论文的写作中表现更为出色。女性在表达和论述方面更加细致，而男性则在逻辑推理方面具有一定的优势。

人的年龄和年级也会影响学生的思辨能力水平。随着年级和认知能力的提高，高年级的学生往往比低年级学生更善于表达自己的思路，且高年级的学生逻辑清晰度和深度也不是低年级的学生可以比得上的，具有更高水平的思辨能力。尽管一个人的年龄和年级也会影响思辨水平，但是人的年龄和年级与他的思辨能力并非完全正相关的。研究者在测量人的思辨能力水平时，必须结合个人的教育经历和发展背景进行分析。

语言水平是制约学生思辨能力的另一个重要因素。根据认知负荷理论，一名学生的工作记忆能力是有限的，尤其是在非母语环境中，学生语言的局限性往往会导致学生认知出现资源超负荷的问题。当学生在外语环境中遇到复杂任务时，由于语言的限制，他们的大脑需要承担语言交际的任务，大脑往往无法为思辨发挥作用，不能为人们提供更多的认知资源支持，学生的表述就会受到阻碍。在这种情况下，学生往往会用简化的语法结构和词汇来表达自己的思想，也就是说，学生的语言能力与他们的思辨能力呈正相关关系，这表明拥有较好的语言能力有助于思辨思维表达的准确性和深度。

三、教学因素

教育环境和教学方法直接影响了思辨能力的培养。教师的教学方法、课堂气氛和课程设置等教学因素，都是学生思辨能力发展的重要影响因素。以英语写作教学为例，教师采用学生熟悉的话题和任务呈现方式，可以刺激学生表现出更好的思辨能力。因为熟悉的话题能为学生提供熟悉的知识结构，减轻学生的认知负荷，学生可以更流畅地进行分析和评价。相反地，如果是复杂和不熟悉的题目则会超出学生的认知舒适区，学生思辨思维的表现力必然会受到影响。

另外，任务的呈现方式也会极大地影响学生的思维表现水平。以图表、图片和视频等不同媒体形式呈现人物，产生的效果各不相同，如果选择恰当的呈现方式，就能在一定程度上提高学生的理解能力和思辨能力。例如，在听力教学中，教师反复呈现音频、视频和文字材料有助于学生加深对听力材料的理解，学生可以更积极地参与听力练习，达到较好的教学效果。除此之外，在写作任务中，书面材料的长度和内容组织方式也会极大地影响学生的思辨思维。另外，教师将阅读和写作结合起来，有助于提高学生的思维能力。在写作之前，充分阅读和分析过相关材料的学生，能够更好地运用思辨思维和逻辑思维进行有质量地输出。

社会文化因素、个性特征因素和教学因素共同构成了影响思辨能力发展的诸多因素。教育研究者了解多重影响因素，对制定更有效的思辨思维教育策略至关重要。这也可以让教育管理者为教育实践提供更加适宜的学习环境，教师则可以培养学生在不断变化的社会环境中独立判断、独立思考的能力，发展学生的思辨能力。

第五节　思辨能力的测量与评估体系

研究者针对学生思维能力的测量，始于20世纪80年代，发展至今，已经进入一个较为成熟的发展阶段。具体的研究情况，如表3-1所示。

表 3-1　国外七种思辨能力具体信息

时间/年	编制者	测量工具	测试对象	测试内容	测试题型
1992	Peter Facione, N.C. Facione	CCTDI	大学生、学力高的中学生	寻求真理、思想开放、分断能力、系统性、自信心和认知成熟	Likert 等级量表（客观题）
1990、1992、2000	Peter Facione	CCTST	大学生、学力高的中学生	分析、评价、推论、归纳、演绎	多项选择（客观题）
1980、1994	Goodwin Watson, Edward M. Glaser	WGCTA	9年级以上学生及成年人	推论、识别假设、演绎、判断结论可信性、评价论证	阅读与多项选择（客观题）
1985、2005	Robert H. Ennis, Jason Millman	CCTT-Z	大学生、成年人、学力高的中学生	归纳、观察、可信性、假设和定义认可、意义与谬误	多项选择（客观题）
2003	英国剑桥大学	CTSA	大学生	问题解决和思辨能力：概括结论、推论、识别假设、评价相关信息对论证影响、识别推论错误、匹配相似程度运用潜在规则	多项选择（客观题）
1996	Richard Paul	ICAT-CTET	大学生	分析与评价：论点、目的、信息资料、作者观点、假设、推论、结论	短文分析与评价（主观题）
1985	Robert H. Ennis, Eric Weir	EWCTET	大学生、学力高的中学生	抓要点、理解理由和假设、陈述要点、合理推论、理解其他可能性、对错误推理与论证做出适当回应或避免	阅读与写作（主观题）

在思辨能力的研究和应用中，研究者的重点研究内容之一就是建立科学合理的评估和测量体系。20世纪八九十年代可谓是思辨能力测评发展的"黄金阶段"，其间，各种思辨测量工具的出现极大地促进了思辨能力的测评和教育应用。根据测量工具的类型差异，目前的思辨能力测量体系主要可以分为客观工具和主观工具，它们各有优势和局限，适用于不同的教育环境和需求。

一、客观性量具

客观性量具主要以选择题和李克特量表（Likert scale）的形式出现。其中，李克特量表是一种常见的评分加总式量表。客观性量具的优势就是可以在短时间内测试大量人群，因此在测量思辨能力方面发挥着重要作用。客观性量具主要可以测试学生的分析、推理和评价等基本能力。例如，加利福尼亚思辨技能测量量表（CCTST）和剑桥思辨能力评测（CTSA）都是常见的客观性量具，它们通常用于评估学生以及一些思辨思维水平较高的高中生。客观性量具的优势在于，这种基于多项选择和量表的评估可以在短时间内得出标准化的结果，便于研究者进行纵向和横向比较分析，适用于大规模测量。

然而，客观性量具的设计可能存在一定的局限性，如客观性量具很难考虑到思辨能力的不同特点，而且这种客观性量具往往会忽略复杂的思维过程和情感倾向。客观性量具对学生当前的思辨能力具有进行初步测量的作用，但由于其能力有限，往往不能准确反映学生的深层思维能力和情感倾向，在学科教学中对培养学生的思辨能力的作用也较为有限。

二、主观性量具

主观性量具往往采取阅读与写作、短文分析与评价的形式，主观性量具能够更详细地反映学生的思维过程和辨析表现。典型的主观性量具包括国际思辨能力评测中心思辨短文测试（ICAT-CTET）和恩尼斯－韦尔思辨作文测验（EWCTET）。这些主观性量具可以让学生从观点的表达、推理的逻辑性和论证的质量等方面，全面表现出自己的个人思维特点，在开放式任务中可以更直观地展示自己的思辨能力。虽然主观性量具的实施耗时较长，对教师的评分技巧要求较高，但它在全面反映学生的思辨能力方面极具价值。

主观性量具在教育中具有重要的作用。它不仅能让教师了解学生的思辨思维水平，还能通过学生的写作和分析反馈，帮助学生进一步提高思辨能力，起到激励和指导作用。然而，主观性量具的实施耗时长、操作复杂等问题也不可忽视，主观性量具对操作教师有较高要求，这也阻碍了它的大规模推广。

与国外的各种测量工具相比，我国的思辨能力测量体系还处于相对初级的发展阶段。目前，国内的思辨能力测量工具主要以翻译和改编国外测量工具为主，缺乏基于本土需求的自主工具设计。目前，一些国内研究者已经尝试了开发自己的测量工具，如罗庆旭尝试开发的一种以综合评判为基础的思辨能力测评新技术、文秋芳的思辨倾向量具等。但这些工具的使用对象主要是大学生，难以覆盖更广泛的义务教育学生群体，有些量表在信度检验方面还存在不足。这些测量工具虽然对国家思辨能力测评体系的发展起到了一定的推动作用，但受测评对象和技术测试的限制，还难以完全满足我国多层次教育的需要。

三、有效思辨能力测评工具的特征

有效的思辨能力测评工具对教育者至关重要，但是目前的思辨能力测评工具尚有不足。因此，研究者的研究重点应该在明确有效思辨能力测评工具的特征后，继续开展相关研究。有效思辨能力测评工具应具备以下特征。

（一）诊断准确

一个有效思辨能力测评工具，测量结果应能准确反映学生当前的辨析能力水平，可以对学生的分析、推理、评价等基本辨析能力进行综合评价，帮助教师和学生更好地了解学生的辨析表现。

（二）有效反馈

思辨能力测评工具除了可以测量出学生的思辨能力水平，还应能够提供有效的反馈机制，帮助学生进一步提高思辨能力。这种反馈有助于学生反思自己，让学生不断提高逻辑思维和推理能力。

（三）多维评估

开发者在设计思辨能力测评工具之初，就应整合分析、评价和情感倾向等多个方面。测评工具不仅要测量学生的认知技能，还要关注学生的情感倾向。测评工具对学生进行多方面的综合考察，才能够更全面地评估学生的思辨能力。

(四)综合应用

思辨能力测评工具应能满足不同年龄、不同学科、不同教育需求的学生的需要,避免测评维度的单一性和局限性。

未来,随着思辨教育研究的深入和测量技术的发展,研究者必然会构建更加完善的思辨能力测评体系,为学生思辨思维的发展提供坚实的支撑,这也有助于更广泛地推进和深化思辨教育。

第四章 义务教育阶段培养思辨能力的必要性

第一节 义务教育阶段学生思辨能力发展水平

一、义务教育阶段学生思辨能力的现状

现代的学生虽然生活在一个信息爆炸的时代,学习资源唾手可得,但对于现代科技的应用尚处于较为初级的阶段,他们在对科技知识的学习和独立思考能力方面也面临着诸多问题。义务教育阶段的学生存在不爱提问、缺乏探索的欲望等一系列思辨能力缺失的表征。

(一)思辨能力缺失的表现

在义务教育阶段,学生缺乏思辨能力已成为一个普遍问题。《十万个为什么》丛书曾向全社会发起问题征集的活动,希望借助这种方式得到更多大众感兴趣的问题。然而,从最终的结果来看,《十万个为什么》收效甚微。最终得到的三万多个问题中,大部分问题是与知识紧密相连的,甚至可以说,学生的提问主要集中在与学业直接相关的领域,绝大多数问题与基础科学知识关系较少。学生的提问主要用于为他们的课业知识解惑,他们对于其他的事情似乎都没有那么关心。

这一次问题征集活动所反映出的问题,不仅仅是学生提出的问题主要与课业相关,提问的质量也随着年龄的增长而降低。那些来自大学生和高中生的提问普遍缺乏新意,只不过是一些老生常谈的内容。反而是一些中小学生,甚至是年龄更低的孩子,能够提出一些颇具新意的问题。学生随着年龄的增长,逐渐无法提出有价值的问题,这在一定程度上可以反映出学生好奇心的减弱,也揭示了学生在成长过程中思辨能力逐渐被压抑的现状。

正如学者钱学森的"钱学森之问"中的问题之一,"为什么我们的学校总是培养不出杰出人才"。[①]这一问题对于现代的教师们来说,仍然具有现实意义。但是,在日常教学过程中,教师更多将时间、精力、教学资源置于学生知识的积累与能力的培养上,关于学生思辨能力的培养则较少关心,甚至研究者针对义务教育阶段学生的思辨能力的研究也不多。

(二)应试教育和"填鸭式"教学的影响

作为一种现行教育体制的基本模式,应试教育在一定程度上限制了学生思辨能力的发展。应试教育注重标准答案,在应试教育的教学模式中,学生在课堂上接受的主要是固定的知识和模式化的解题技巧,学生缺乏自由表达和质疑的空间。在这种模式下,学生的思维习惯趋于被动,他们更关注的是如何在考试中获得高分,而不是自己需要学会如何深刻理解和独立思考问题。而在这种教学模式中,学生往往是被动学习的,他们在学习过程中逐渐养成了接受和模仿的惰性,思辨能力的发展逐渐受到限制。

此外,如果教师长期采取的是"填鸭式"教学,那么教师将进一步影响并且默许了学生被动学习的习惯。在这种教学模式下,教师习惯于直接向学生灌输知识,教师缺乏对学生提问和表达观点的引导。这种教学方式也不利于学生思辨思维的形成,学生在日常学习中缺乏自主思考的时间,更容易无条件地接受来自教师的教导。长此以往,学生会从不愿意提出问题发展成不会提问题,同样地,学生必然逐渐不愿意也不会独立思考。这种长期的内容"灌输式"教学使学生逐渐失去了探索知识本质的兴趣,难以形成深层次的逻辑思维能力,最终导致学生思辨能力的丧失。

学生思辨能力的缺失,不仅是学科教育的问题,更会对未来社会发展产生负面影响。现代社会需要具有思辨思维和创新能力的高素质人才,但应试教育和"填鸭式"教学模式限制了学生潜能的发挥。

(三)学生缺乏自我意识和学习态度

学生缺乏思辨意识,在一定程度上也是由于缺乏学习自觉性,学习态

---

① 梁晓燕.陶行知儿童科学教育思想[M].呼和浩特:内蒙古大学出版社,2014:197.

度不积极、不主动。很多学生对学习不感兴趣，也不给自己设定这方面的目标，只是按照教师的要求完成作业，缺乏自主学习的动力。这种依赖性和消极态度不仅抑制了学生的思辨能力，还会阻碍他们在关键学术技能和职业发展方面取得突破。

在学生的学习过程中，他们即使完成了学习任务，也不愿意利用课余时间进行深入学习，这种消极的学习态度会导致学生思辨思维难以得到发展。此外，学生思辨思维的缺乏，也会使学生对教学的态度较为消极，最终导致恶性循环。

义务教育阶段学生思辨能力的现状引发了教育界的深刻反思。在教育实践中，教师如何培养学生的思辨能力，如何打破学生被动接受和模仿的学习习惯，学生如何逐步树立独立思考、质疑和探究的意识，是每一位教师和教育研究者必须关注的课题。

二、义务教育阶段学生思辨能力缺乏的成因

义务教育阶段学生普遍缺乏思辨能力，这一问题已引起教育界的广泛关注。虽然我国学生一般都具有扎实的理论基础和较好的应试能力，但根据目前已有的情况可知，学生在创新意识和思辨能力的培养方面还存在许多不足。造成这种现象的原因可以从教学模式、教育理念和评价体系等方面进行分析。

（一）缺乏质疑和思辨能力

义务教育阶段学生缺乏思辨能力的主要表现是缺乏质疑精神。受传统教育观念的影响，义务教育阶段学生习惯于以书本和教师为主体的学习方式，缺乏对知识的质疑和批判能力。当前的教育模式往往重视知识的传授，却忽视了对学生思维活力的培养，导致学生在学习过程中更多地依赖教师的指导，缺乏独立思考的能力。长此以往，学生的思维模式逐渐固定，缺乏独立评价和分析的能力，也很难对问题形成独立的见解。

在这样的环境下，义务教育阶段的学生不仅失去了提出问题的勇气，还逐渐丧失了从多角度分析问题的能力。思辨思维的培养需要学生在面对问题时勇于提出问题，深入分析，从而培养思辨思维。然而，由于课堂中缺乏鼓

励质疑的教学氛围，义务教育阶段的学生在学习过程中很难克服固有思维的局限。因此，义务教育阶段的教师想要培养学生的思辨能力，首先要鼓励学生大胆提问、独立思考，激发学生内在的思维活力。

（二）缺乏创新精神的培养

在传统的教学模式中，教师往往主导着整个课堂，学生主要是被动的接受者，教师通过讲授法，将知识直接传授给学生。这种"以教师为中心"的教学模式忽视了学生的主体地位，导致课堂教学单一、呆板，在一定程度上限制了学生创造性思维的发展。学生在这种环境下被动地吸收知识，缺乏参与讨论、发表意见的机会，长此以往会逐渐形成固定的学习模式，也容易出现缺乏批判和创新意识的问题。

如果教师在课堂上还有"一言堂"现象，学生就更难充分表达自己的疑惑，学生的探究精神也会被埋没。另外，如果学生习惯于完全依赖教师的解答和讲授进行学习，也很难培养出独立解决问题的能力。因此，教师应注重营造宽松开放的课堂氛围，尽可能地鼓励学生发表自己的见解，允许学生参与讨论，让学生在学习过程中充分发挥出自己的自主性和批判性。这不仅有助于改善课堂的教学效果，还能更有效地培养学生的创新思维。

（三）教育评价体系的局限性

以考试为导向的教育评价体系，是导致学生缺乏思辨能力的重要因素之一。在传统的教育评价中，学业成绩往往以标准化评价的形式呈现，强调结果评价，忽视过程评价。这种单一的评价方式导致教师关注如何让学生获得更高的考试成绩，学生则更关注如何写出标准答案，缺乏对知识的深刻理解和独立分析。

应试教育主要还是考查学生的记忆和理解能力，而忽视了对学生高阶思维的培养，抑制了学生思辨思维的发展。在这样的教育环境中，学生往往会将标准答案奉为圭臬，没有机会，甚至也不愿意进行多角度思考。那么，如果在考试中，评估标准允许"有理有据"的答案成为正确答案，而不仅仅是"标准化"的答案才是正确答案，学生的答案也就能更加多样化，学生也不必受制于"标准答案"，学生的思辨能力也能在"有理有据"的标准下被鼓励发展。因此，义务教育阶段的教育评价体系应更加具有开放性和多样性，教师也要鼓励学生从不同角度分析问题，学生要充分表达自己的观点，只有更加灵活的教育评价体系才能有效促进学生思辨能力的发展。

学生思辨能力的缺失受传统教学模式、缺乏创新训练和应试教育评价体系的影响。在学校中，学生质疑意识和独立思考的习惯没有得到有效培养，课堂教学中的"一言堂"现象和教育评价的僵化也限制了学生思辨思维和创新能力的发展。针对这一问题，教师应调整教学理念，营造开放的学习环境，并在评价体系中引入差异化标准，鼓励学生通过质疑和分析提高思辨能力。有关部门需要加快优化教育模式和评价标准的步伐，培养具有创新意识和思辨思维的新时代人才，为国家教育事业的发展奠定坚实的基础。

第二节 义务教育阶段学生思辨能力培养的紧迫性

在经济全球化和信息技术飞速发展的当今社会，在义务教育阶段培养学生的思辨能力显得尤为重要。现代教育的核心任务是培养学生的思辨思维、独立分析和创新能力，这也是推动社会进步的重要动力。随着后现代思潮的兴起和实用主义的盛行，教育的目的在一定程度上被弱化了，尤其是一些针对人文、思辨的研究往往被忽视。义务教育阶段，也是学生品德、认知和思维发展的关键时期。因此，义务教育的教师抓住学生成长发育的关键期，注重对于学生这一阶段思辨能力的培养，这对学生、学校和社会都有着深远的影响。

义务教育阶段教师培养学生的思辨能力对其个人发展具有重要意义。思辨思维不仅是学生应对学业挑战的工具，还是学生个人成长和发展的重要基础。只有学生具备思辨思维，才能在面对复杂的社会现象时形成清晰的判断，也才能具备多角度分析问题的能力，从而提高处理现实问题的效率。具备思辨能力的学生能够在他们发展的过程中更快地适应社会变革，在面对不确定性和复杂性的现实时，他们也具有更强的心理承受能力。在教育实践中，缺乏思辨能力的学生往往倾向于被动接受知识，这些学生在学习知识的过程中难以提出自己的观点。教师在培养学生思辨能力后，学生可以逐渐养成批判、分析、独立思考的习惯，不再单纯依赖书本和教师，能够主动研究、深刻理解所学知识。义务教育阶段教师培养的思辨思维，不仅对学生当前的学习有帮助，从长远来看，还能为他们今后的职业和生活提供独立决策和解决问题的能力支持。

从社会层面来看，具有思辨能力的学生是社会和经济发展的重要推动力。正如美国学者彼得·费希万（Peted Facione）所指出的，"民主社会持续发展的源泉就是批判性思维"[①]。因此，思辨思维的培养不仅是个人发展的需要，还是社会发展的需要。现代社会需要具有独立思考和批判精神的创新型人才，创新型人才能够适应不断变化的经济形势，也是推动社会科技进步和文化创新的关键力量。具备思辨能力，有助于学生在步入社会后，凭借自身的批判性分析能力和创新性思维，主动担任起新技术、新产品的创新与研发工作，适应企业和社会技术发展的多样化需求。特别是在当今全球竞争日趋激烈的背景下，国家发展迫切需要培养具有国际视野和独立思考能力的高素质人才。义务教育作为基础教育，其目的不仅是传授知识给受教育者，更重要的是为学生未来的全面发展奠定素质基础。在义务教育阶段，学校教育培养学生的思辨能力，这样的学校教育系统可以更有效地为社会和国家输送创新型人才，有助于提高国家的综合竞争力。

在义务教育阶段培养学生的思辨能力也是推动学校教育改革的必要举措。当前的教育改革要求建立以学生为中心的教学模式，强调学生的自主学习和思辨思维的培养。传统的"以教师为中心"的教学模式只注重知识的灌输，这种模式忽视了对学生思维的引导和训练，而且在数智社会中已经越来越不适用了。学校可以逐步转变教学观念，加强对学生思辨能力的培养，创建更加开放、多元的教学模式，让学生在课堂上不仅是知识的接受者，更是创造者和问题的探索者。课堂教学改革的切入点可以设置为培养学生的思辨能力，这也将是全面提高学校教学质量的重要途径。教师在课堂上引导学生多角度分析、批判性讨论，可以让学生从被动学习转变为主动思考，进而培养学生思辨和独立思考的能力。学校可以通过引导学生自主质疑、挑战和探

---

① 李迎新.批判性思维培养与大学英语教育［M］.西安：西安交通大学出版社，2017：9.

索，逐步营造鼓励创新的教育氛围，为学生的全面发展提供平台支持。

一、培养知识创新和培养高素质人才的关键

在知识经济和创新驱动发展的时代，培养学生的创新能力和思辨能力是培养高素质人才的核心。传统的教育模式强调基础知识的积累和技能的掌握，但这种以知识为中心的教育方式阻碍了学生思辨思维的形成与创新能力的发展。教育要想真正促进知识创新，就必须转向培养学生的思辨思维，学生在义务教育阶段不仅能够掌握基础知识与技能，还能够培养质疑、批判和改进现有的知识体系的思维方式，这也为知识的现实化和社会的进步做出贡献。

（一）克服传统知识积累的局限性

知识积累固然重要，但知识积累本身并不是创新的源泉，更不应该成为义务教育阶段教育的全部任务。如果学生要实现知识创新，就需要在已有知识的基础上，主动提出新的见解，学生不应简单地接受已有知识，进行知识积累。传统教育注重基础知识和基本技能的传输，教师应将学科的核心概念、原理和方法视为教学的主要内容。然而，这种义务教育的传统培养模式正逐渐受到挑战，因为现有的知识体系并非一成不变的，人类对世界的认识也在不断发展和深化。所以，知识积累本身并不能成为未来知识增长的绝对基础，人要不断在现有知识的基础上完成开拓与创新，这仅凭原有的知识积累是无法做到的。

事实上，真正的知识增长是一个动态的过程，知识增长的过程包括了对现有知识的修正和更新，有时甚至是对原有概念体系的颠覆。因此，学生必须具备质疑现有知识的勇气和能力，才能突破现有知识的局限，走出已有知识的"舒适区"，不断探索新的认知领域。这就要求他们对现有知识进行批判性思考，他们需要对自己已有的知识体系进行反思，不应该也不能盲目跟从，这正是创新所需要的思考过程。

（二）从质疑到创新的知识增长模式

知识的增长不是一个简单的叠加过程，而是一个不断重组和重构的动

态过程。学生不仅要学习原有的知识，还要具备回顾和反思的能力，在主动质疑和批判中发现新的知识增长点。创新需要超越现有知识，而不是重复旧知识。如果学生习惯于不加质疑地接受已有知识，就会陷入对权威知识的依赖，难以突破思维局限，最终成为知识的复制者而非创造者。

质疑和批判是创新的前提，需要培养学生质疑的能力，让学生从不同的角度和逻辑去审视已知的知识和权威的结论，寻找缺陷，并提出新的可能性。如果缺乏这种能力，学生就很难在知识体系中找到创新的契机，形成自己独特的见解。因此，学生只有在不断质疑和批判原有知识的过程中，才能实现真正的知识创新。

（三）思辨思维和辩证能力的培养

人的思辨思维和辩证能力不是与生俱来的，需要长期的教育和训练才能逐步形成。思辨思维和辩证能力的形成，需要教师在教育过程中营造开放的学习氛围，让学生勇于对教师和书本上的内容进行质疑。然而，传统的教育模式往往将教师和书本视为权威，学生也习惯于听从教师的指令，学生按照教科书的内容理解知识。这种教学模式使学生逐渐丧失了批判和反驳的意识，甚至逐渐习惯于"呼应"知识，而不是尝试思考甚至是质疑已有的知识。

此外，思辨思维能力的培养也未被纳入义务教育教学的目标，这导致教师在教学中忽视了对学生思辨思维的引导。学生在日常学习中缺乏系统的思辨训练，容易陷入知识接受者而非知识发现者的角色。要想改变这种现状，就需要教育研究者甚至是教育政策的制定者从学习目标、教学方法、评价体系等多方面进行改革，让思辨思维成为义务教育教学的重要组成部分，让学生在质疑、反思和辩论中提高思辨能力。

（四）思辨思维：知识创新的必要条件

学生如果缺乏质疑提问、寻找漏洞、检验证据、组织辩护、转换视角的思维方式，就很难在创新工作中取得突破。创新需要学生具备开阔的视野、灵活的思维和对知识的不断渴求，而学生如果具备思辨思维，当面对一个问题时，这种思维就可以帮助学生从多角度思考和深入分析，找到解决复杂问题的合理方案，甚至最终可以实现创新。

在现代教育体系中，培养学生的思辨思维能力不仅是知识创新的关键，还是培养高素质人才的前提。只有学生具备思辨思维，才能更全面地理解问题，并能在独立评价的基础上提出创新性的见解和方法，而这种能力将直接影响学生未来在学业、职业乃至社会生活中的表现。

知识创新和高素质人才的培养有赖思辨思维和辩证能力的系统培养。传统的教育模式虽然注重基础知识的积累，但在培养创新意识和批判能力方面仍存在许多不足。只有改革教育观念和教学方法，重视思辨思维的培养，学生才能真正具备创新知识的潜能。思辨思维不仅是学生智力发展的关键，还是学生适应未来社会挑战所需的重要素质。

二、帮助学生应对未来的定力

现代社会正在经历日新月异的变革，数字信息更是层出不穷，教师如果还是简单地照搬教科书，将过去的知识与经验作为教学内容，那么学生在学习了这些内容后，就很难应对当今复杂多变的社会环境。那些拥有思辨思维的学生必然更适应这个社会的发展趋势，这种思辨思维可以帮助学生从海量的信息中进行理性的筛选、批判和选择，从而保持独立的判断，学生也不会被信息的冲击迷惑。因此，思辨能力不仅是学生在学习和生活中不可或缺的特质，还是他们在未来面对挑战时稳步前行的重要力量。

（一）思辨思维使学生能够筛选信息

数字信息的爆炸式增长造成了认知超载，同时带来了信息选择问题。学生每天都要面对各种各样的信息，如果学生缺乏思辨思维，就很容易在海量的信息中迷失方向，无法有效地提取出对自己重要的知识。思辨思维在学生筛选信息的这一过程中发挥着关键作用，它能让学生在面对铺天盖地的信息时保持冷静，学生也可以在理性分析后，找到众多信息中的关键线索。并且找出有价值的信息，不盲从、不被误导，在纷繁的选择中保持方向和定力。

具有思辨能力的学生在选择过程中能够独立地分析和比较信息，从而更好地识别有用的信息和可能的解决方案。这种选择过程并不是对信息进行简单的归类，而是经过一种批判性的筛选后，将有价值的信息转化为自己的知识体系，从而为个人目的服务的过程。当学生掌握了独立判断和筛选信息的能力,在面对复杂的信息环境时,也就更具有明确的方向感和处理信息的耐心,从而在面向未来的挑战时具有应变能力。

(二)思辨思维可以避免"信息无知"和"信息消化不良"

在信息爆炸时代,现代人面对海量信息面临着两大挑战。一是"信息无知",指人缺乏对信息的洞察意识,对于信息的了解只停留在表面,无法深入理解信息的内涵。二是"信息消化不良",指人无法消化吸收过多的信息,面对众多信息始终无法建立有效的知识体系。

义务教育阶段教师之所以重视思辨思维的培养,就是因为拥有思辨思维的学生可以避免出现"信息无知"和"信息消化不良"两种情况。思辨思维有助于学生识别出信息的真正价值。信息本身并不带有主观意图,它是事实的集合,必须经过人们的分析和处理,才能被转化为专属个体的知识和见解。学生应学会在接收信息时主动选择和取舍,从而避免盲目接收无关信息或误导性信息。教师培养学生的思辨思维至关重要,它让学生学会批判性地看待内容,筛选信息,让学生在面对信息时可以做到慎重权衡。这种思维习惯能让他们更好地应对未来复杂的工作和生活情境,不被纷繁复杂的信息困扰,从而保持心智和认知的耐力。

(三)思辨思维为学生的独立判断打下基础

思辨思维的另一个重要作用是培养学生的独立判断能力,使他们在面对复杂问题时不人云亦云。尽管大数据、人工智能等技术带来了许多便利,这些技术的数字化程度也已经达到了一个前所未有的高度,但是这些数字技术仍然无法取代人的独立思考,它们不具备人的思考能力,更无法取代人面对信息时的思辨思维和知识整合能力。只有具备思辨思维的人,才能以有意义的方式处理信息,也能避免被"信息幻觉"迷惑。

思辨思维可以帮助学生提高独立判断的能力,避免他们被外部世界的动荡和信息噪声干扰,使他们拥有独立理解信息的能力。在学生未来的生活和工作中,他们难免会遇到一些不确定因素和挑战,而思辨思维正是帮助他们在这样的环境中保持稳步前进的"内在力量"。这种力量不仅可以帮助学生不被表面现象迷惑,还可以使学生在面对选择时能够冷静分析实际情况,在深思熟虑后做出判断。

(四)思辨思维能培养学生面对复杂社会的心理韧性

学生面对复杂的社会环境，他们需要拥有辩证思维，逐步增强他们的心理承受力。未来社会瞬息万变，社会问题变得更加复杂，信息更新速度更快，学生面临的挑战不仅是知识的更新，还有各种来自社会生活的问题和挑战。具有思辨思维能力的学生能够通过理性分析找到解决问题的方法，他们不容易受到挫折和外部复杂环境的干扰。这种心理承受力源于他们的思维方式和判断能力，能使他们在面对复杂的情况时，始终保持冷静，坚持自己的立场。

思辨思维不仅是学生应对未来信息社会的重要特质，还是学生面对未来各种不确定性保持心理韧性的关键。学生掌握了思辨思维的技能，就能够在信息洪流中进行理性审视和独立评估，始终保持内心的稳定，这样才不容易被信息的多变性和不确定性左右。他们将在瞬息万变的社会中保持清晰的思路，从容应对未来的挑战。因此，培养思辨思维不仅是学生学业发展的重要组成部分，还是帮助他们在未来社会中不断发展的关键。

三、学生心理与个性发展的需要

在现代教育中，教育工作者的重要目标之一就是促进学生心理和个性的发展，而培养学生的思辨思维有助于这一目标的实现。思辨思维不仅是帮助学生感知世界的重要工具，还是塑造独立人格、形成理性价值观的重要支撑。在思辨思维的引导下，学生可以在日常学习和生活中逐步形成独立的认知模式，培养健康的心理状态，最终实现个性化的全面发展。

(一)思辨思维对学生心理发展的重要性

人的发展是个体的建构与价值引导之间的对立与统一的过程，在这一过程中，个体不仅是信息的接收者，还是信息的处理者。在学生心理发展的过程中，他们需要对社会现有的文化进行扬弃，不能盲目照搬社会的价值观。教师培养学生的思辨思维，学生才能够在信息面前保持理性的控制力，有能力分辨出真正符合个人价值观的信息，从而促进个体心理的健康发展。

另外，教师培养学生的思辨思维，有助于学生在认知过程中保持自主选择权。学生的思辨思维促使他们在面对不同观点时进行反思和判断，而不是不经筛选地全盘接收所有信息。这种合理化的内在选择过程，有助于学生在多元文化的影响下始终保持心理稳定，学生也会在这样的过程中逐渐形成适应时代发展的思维体系和应对未来变化的心理素质。学生的心理状态逐渐发展并且走向心理成熟的过程，对个人的身心和谐发展极为重要，而且有助于他们形成积极的身份认同和价值观。

（二）通过思辨思维培养学生的独立人格

人格发展的重要组成部分是培养独立的人格，人的思辨思维有利于培养其人格独立的精神。如果一个人在社会中缺乏思辨思维，就容易陷入盲从他人的旋涡，会相应地形成依赖性思维方式，并且难以形成独立的判断和见解。教育就是要发展学生主体的人格和多样化个性，而这需要教师先培养学生的思辨思维。毕竟只有具有思辨思维的学生才能够提出自己的观点和行动原则，他们不盲从权威，可以有效评估事物的真实性。学生在理性地审视不同的观点后，需要自行梳理其中的内在联结，在审慎的思考与明智的判断后再探寻进一步行动的根据，学生要把行动建立在理性思考之上。教育应该为学生提供可能的发展空间，学生只有在一次次独立思考、独立判断、独立选择后，才能够形成自己的价值体系，培养出健康而独立的人格。

（三）教育多样性与思辨思维培养的关系

传统的教育模式往往将学生视为知识的被动接受者，从而忽视了学生作为个体的思维活力和个性发展需求。思辨思维可以帮助学生从被动的接受者转变为主动的学习者，使他们在面对知识时能够保持探究和质疑的态度。思辨思维在多学科教学中尤为重要，虽然这种能力的培养不能由单一学科来承担，但每一门学科的教师都可以为这个共同的目标做出贡献，每个教师都可以在实际教学中对学生进行渗透和引导来实现这一目标。例如，教师可以在教学过程中选择讨论、辩论等教学方式，引导学生在学习中深入思考。每一位教师都应该承担起培养学生思辨思维能力的责任，多课程综合培养学生的思辨思维。

（四）思辨思维在学生心理和人格发展中的作用

思辨思维可以为学生的心理健康和个性发展提供重要支持。它不仅能使学生在面对复杂的社会问题时做出理性的判断，还能帮助学生在塑造人格的过程中保持自主性，使学生的心理发展更加健全。在充满挑战的未来社会，学生不仅需要扎实的知识，更需要从纷繁的信息中提炼出有价值的内容，保持理性和冷静，提高心理素质，应对复杂的问题。这种能力不仅能帮助他们应对社会的各种挑战，还能使他们在个性发展中做出更多的选择，发挥主观能动性，从而真正实现个性的独立和人格的全面发展。

义务教育培养学生的思辨思维能力，让他们可以在心理和人格上获得更多的成长，在信息丰富的社会中保持独立的判断能力和理性独立的选择能力。这种思维能力不仅能帮助学生在成长过程中形成健康的自我接纳和人格特质，还能培养具有批判意识和理性的社会公民。

第三节　课程教学对于思辨能力培养的独特作用

在学校教学中，课程在培养学生思辨思维能力方面发挥着重要作用。课程需要帮助学生超越已有的知识和经验，运用所学知识并对经验进行反思，从而改变他们体验世界的方式，改变个人从已有经验中产生的观点。这对于所有学科来说，都是一个巨大的挑战。在课程教学中，教师应强调建立教学内容与教学形式之间的联系，使学生逐步掌握、应用，最终建构学习的意义。

一、课程教学对学生思辨能力的影响

课程教学在培养学生思辨能力方面发挥着不可替代的作用。它不仅是教师传授知识的必要方式，还是激发学生思辨思维、深度思考和自我反思能力的重要途径。教师通过有效的课程教学，可以帮助学生在已有知识的基础上开阔视野，鼓励他们超越自身经验的局限，提高独立思考问题的能力。

（一）课程教学深化教学内容

课程教学在培养学生思辨能力方面的独特性，主要体现在课程作为一种结构化的学习工具，可以系统地传递知识，并且借助开展各种学习活动引导学生深入理解和运用知识上。在教学过程中，教师不仅是知识的传授者，更是思维的引导者，教师通过设计问题、激发思维，引导学生深入探究，鼓励学生从被动接受者转变为主动学习者。

此外，课程教学可以帮助学生建立从知识获取到应用、从理论到实践的思维链。这意味着，教学过程不是一场教师提供、学生被动接收的单向的信息灌输。课程教学是在教师指导下，学生主动参与其中，双主体共同完成的一场关于课程内容的循序渐进和深化的过程。这样的课程教学可以让学生逐步掌握解决问题的方法和思辨能力。课程教学在培养学生思辨能力方面发挥了重要作用，可以让学生在知识的积累中发现思考的重要性，学生也可以在思考中反复检验和完善自己的认知。

（二）课程教学发展学生的辩证思维

在教学中，教学内容与教学形式的有机结合是培养学生思辨能力的关键。课程内容要有深度和广度，必须激发学生的兴趣，引导学生思考更深层次的问题。同时，教学形式要灵活多样，如教师可以采用探究、案例分析、角色扮演等不同的教学方法，让学生在真实的情境中模拟练习。在这样的教学过程中，学生不仅能掌握学科知识，还能在教学过程中逐渐学会分析问题，也能批判性地看待信息来源，批判性地评价不同的观点。

教师可以主动为学生创造自我反思和辩证思考的空间与机会。例如，教师组织辩论活动，学生可以在辩论活动中碰撞出新的思想火花；教师组织小组讨论，学生可以在讨论小组成员的多种观点中找到自己的观点。在这里，教师起到主动引导的作用，应积极引导学生深入思考，帮助学生在学习过程中发现知识的复杂性和多样性，这样学生才能在这个过程中更好地理解课程内容。

反思性学习强调学生在运用知识的过程中，深入审视自己的行为和思维，培养独立、综合的思维能力。学生可以借助反思性学习发展自己的思辨思维。学生在开展反思性学习时，可以重新审视和评价自己所获得的知识和技能，主动发现自己存在的局限和不足，从而激发新的思维。反思性学习不仅需要学生的积极参与，还需要教师的指导和支持。教师可以通过设置反思任务、设计深度学习问题等方式，帮助学生对学习过程和学习成果进行自我评价。例如，鼓励学生撰写学习日记或反思报告，通过文字化的方式整理思维。同时，教师可以即时反馈，教师的引导可以帮助学生发现思维中的盲点，教师可以指导学生在反思中逐步建立起较为完整的认知结构。随着反思性学习的逐步深入，学生不仅能加强对知识的掌握，还能培养出灵活变通的思维能力和批判性反思能力，这些都能为学生今后的学习和生活打下坚实的基础。

二、课程教学对培养学生思辨思维具有独特作用

课程教学在培养学生思辨思维方面具有独特的作用，在课程教学中，教师可以鼓励学生在结构化的知识框架内提出问题、分析问题，并在这一过程中培养独立思考的能力。教师培养学生的思辨思维，不仅是对学生智力的培养，也是对学生个性和态度的培养。课程教学的目的就是帮助学生面对各种信息做出正确的判断，学生如果拥有了思辨思维，就有勇气也有能力质疑权威和传统，可以在独立思考的过程中形成独属于自己的个人观点。

（一）教师的引导

在教授课程时，教师可以引导学生通过分析复杂问题和解决实际问题来发展思辨思维。例如，在科学教学中，教师可要求学生分析实验现象，学生凭借观察与讨论，找出潜在的问题或规律，教师可以鼓励他们质疑和探究现象背后的原理。教师在教授一些历史故事时，可以鼓励学生从不同角度分析历史事件，鼓励学生从多角度看待问题，引导学生从不同角度理解历史事实和价值观。这种教学方式不仅能增长学生的知识，还能提高他们的独立思考能力和思辨思维。

教师可以在课堂上不断鼓励学生表达自己的观点。教师只有尊重和肯定每一位学生的想法，学生才能有信心表达自己的观点。学生不断在课程教学中练习自己的思辨思维，也可以在今后的学习和生活中逐渐养成批判性的态

度和处理复杂问题的能力,这对于学生的长远发展有着重要的意义。

(二)教育研究的创新

课程教学作为培养学生思辨能力的重要途径,需要教育研究者不断创新教学理念和方法,以适应当代教育发展的需要。在数字化时代,课程教学的形式更加多样,教学资源更加丰富,这些都为培养学生的思辨能力提供了新的契机。教师必须充分利用数字化资源,也应该试着把现实世界中的问题融入教学,让学生在解决问题的过程中培养思辨思维。课程设计也应该更加注重跨学科的融合,这样一来,学生才能以一种更加宽广的视野看待各种问题,学生才能拥有更加独特的思维方式。

未来的课程应注重个性化和差异化,让每位学生都能以适合自己的方式学习,并且促进自身能力的成长。教师培养学生的思辨能力,不仅是教授学生一定的知识,更重要的是教师要提高个人的思维能力和独立人格。教师可以通过科学合理的课程设计,帮助学生在思维方式和价值观念上有所突破,使他们在今后的学习和生活中具备独立判断的能力和解决问题的智慧。

课程教学在培养学生思辨能力方面发挥着不可替代的重要作用。课程教学是在教师主导下的,主要包括系统的教学设计、灵活的教学形式和深入的反思活动等。教师的作用不仅是传授知识,更重要的是引导思维,要不断创新教学方法,为培养学生的思辨能力提供更丰富的土壤。学生在教师的引导下,主动参与课程教学,可以掌握课堂知识,并在知识的运用和反思中逐步形成思辨思维。在未来的教育中,课程教学必须在个性化和跨学科融合方面找到新的突破口,使思辨能力的培养真正成为教育的基本目标之一。

第五章 课程教学中思辨能力培养的策略

第一节 教学理念与目标的革新

一、转变教学理念

在教育现代化的背景下，义务教育阶段的教学理念需要进行深刻的转变，必须从过去以知识和技能为主的教学理念转变为以培养学生的思辨能力为主。传统的教学理念以传授基础知识、方法和技能为主，但这种教学理念往往忽视了对学生思辨思维和创新能力的培养。随着教育的国际化发展，各国的教育研究者都逐渐认识到思辨能力才应该是教育的主要目标，这一趋势也对我国义务教育改革产生了影响。

（一）传统教学理念的局限性

传统的教学理念更加注重对学生知识、技能、方法的培养，这种教学理念往往忽视了对学生思辨能力的培养。传统教育注重应试技巧和知识的积累，学生受传统的教学理念影响，被动地接收信息，习惯于从课本上获取知识。在这种传统的教学模式下，学生缺乏独立思考的空间。这种教学模式在一定程度上削弱了学生的思辨能力，学生更倾向于服从权威，而不是质疑和探索。如果学生没有在义务教育阶段培养出主动分析和评价的能力，那么即便在离开学校后，他们也难以在复杂多变的现代社会中获得洞察力和创新思维。

随着社会的快速发展，信息日益复杂多样，学生已不能单纯依靠知识的积累来应对未来的挑战了。为了培养适应未来社会需要的创新型人才，在义务教育阶段教学理念必须从知识型向思辨型转变，学校应该把学生培养成具有理性分析能力、独立判断能力和创新思维能力的高素质公民。因此，由于传统教学理念存在明显的局限性，义务教育阶段教学理念的转变已成为必然。

（二）国际教育趋势与培养思辨能力的重要性

20世纪80年代，美国掀起了一场影响深远的思辨运动，这是一场自上而下的教学理念改革。在这场变革中，总统、部长至普通中小学教师都广泛参与其中，其最终结果就是使培养思辨能力成了美国教育的教学培养目标。这场运动不仅使美国的教学理念发生了重大革新，还对其他国家产生了深远影响。如今，许多国家的教学培养目标都强调培养学生的思辨能力，并且这种目标已逐渐发展成为全球教育理念的共识。

思辨能力作为教学培养目标的重要性，体现在它对学生认知和心理发展的深远影响上。具有思辨思维的学生能够理性分析各种信息，多角度思考问题，很少迷失在信息中或盲目跟从他人。他们更能适应社会的快速变化，成为具有创新精神和独立判断能力的未来人才。这一趋势表明，培养思辨能力不仅是现代教育的要求，还是应对未来不确定性和复杂性的教育保障。

（三）转变教学理念的必要性

在信息化和经济全球化的背景下，现代教育需要培养具有国际视野和跨文化交际能力的创新型人才。因此，将传统的知识传授方式转变为以思辨能力为导向的教学理念，既是国际教育发展的必然要求，也是中国在全球教育竞争中提升竞争力的必要举措。为适应这一变化，义务教育的教学理念需要从传授知识向培养学生的思维和能力拓展。这一转变不仅有助于学生在学习中实现个性发展，还有助于他们在今后的学习和生活中保持理性判断和创新意识。转变义务教育阶段的教学观念，从传统的知识传授转向思辨能力的培养，已成为教育改革的迫切需要。

二、转变教学目标

义务教育是基础教育的重要组成部分，随着全球教育目标逐渐向培养思辨能力和创新能力转变，义务教育阶段的教学目标也需要从传统的知识型培养目标，向适应新时代需求、促进学生全面发展转变。这种转变，使其更具综合性和动态性，教师关注学生"知识与技能"的双重培养，可以有效提高学生的综合素质，使其在未来的社会生活中具备足够的适应能力、竞争能力和创新意识。这对于提高学生的思辨能力，适应未来社会的需要具有深远的意义。

（一）知识：构建全面、动态的知识体系

知识作为教育的基本要素，自古以来就受思想家和教育家的高度关注。知识不仅是学科知识的简单积累，更是促进学生发展的前提与重要力量。关于知识的定义，不同的学科、不同的视角和不同的学派都有不同的定义方式。

古希腊哲学家柏拉图在《泰阿泰德篇》中记载了苏格拉底和泰阿泰德关于知识问题的讨论。但是很可惜，尽管两位大哲学家已经进行了多次尝试，但他们未能给予知识一个明确的定义。这意味着定义知识不是一件那么容易的事情，知识具有一种不确定性，而正是这种不确定性准确地揭示了知识的多样性和复杂性。

随着时代的变迁，不断有学者试图给予知识一个准确的定义。而知识的内涵和功能也在随着社会生活的变迁而不断扩展，知识似乎成了一个动态的生成过程。教育家布鲁纳认为，"知识是一个过程，不是结果"。[1] 认知心理学家皮亚杰强调，"知识是主体与环境或思维主客体相互交换而导致的知觉建构，知识不是客体的副本，也不是由主体决定的先验意识"。[2] 此外，教育心理学家邵瑞珍把知识定义为主体通过与其环境相互作用而获得的信息及组织。[3] 总之，不同学科不同的学者对"知识"一词有不同的定义和理解，但他们无一例外都强调了知识的动态性。

在义务教育阶段，传统的教学目标是传授基础知识，但随着社会和科技的发展，知识的边界在不断扩大。在现代教育中，学生不仅要掌握知识的表层内容，还要掌握知识的批判性、应用性和跨学科结构。例如，在学科知识的教学中，教师不仅要传递基本概念和原理，更要培养学生通过跨学科整合解决实际

---

[1] 邵瑞珍. 教育心理学 [M]. 上海：上海教育出版社，1983：69.
[2] 邵瑞珍. 教育心理学 [M]. 上海：上海教育出版社，1983：58.
[3] 邵瑞珍. 教育心理学 [M]. 上海：上海教育出版社，1983：69.

问题的能力，使学生具备应对未来复杂多变的社会环境的能力。因此，知识的内涵应从单一学科知识转变为跨学科融合、动态生成的复合知识体系。

义务教育阶段的知识教学应遵循《现代汉语词典》中对知识的定义："人们在社会实践中所获得的认识和经验的总和。"这个定义不仅涵盖了知识的外在形式，还强调了知识的实用价值和交流价值。学生应通过学习知识，构建起独属于自己的全面、动态的知识体系，以此发展自己的理性思维。学生可以逐步掌握对自身和外部世界的认知，培养自己分析、推理和批判的能力，最终使知识服务于自己的思辨思维。

（二）能力：建立健全的能力结构

广义的能力主要是指个体完成某项活动所必备的心理和行为条件，以及完成这项活动的有效方式以及对应的个性心理品质。狭义的能力则是指确保某种活动可以顺利完成的有效方式以及对应的个性心理品质。[1]义务教育阶段的能力培养应兼顾广义和狭义，使学生具备多样化的适应能力。

1. 认知能力

认知能力作为能力体系的核心，是一种直接影响学生理解和运用知识的能力。认知能力的核心是思维的灵活性和深刻性。美国德尔菲研究项目确定了六种核心认知能力：阐释、分析、评价、推理、解释和自我调节。每种能力都由其子能力支持，这些能力可以帮助学生从复杂的信息中发现其中潜在的逻辑和信息。阐释包括分类、理解含义和解释含义；分析包括确定论点和逻辑关系；评价包括评估论点的有效性和合理性；推理包括提出问题、作出假设和得出结论；自我调节包括自我评估和自我纠正，可以帮助学生在学习过程中优化认知过程，提高学生思维的灵活性和深度。

义务教育阶段培养学生认知能力的目的应该是帮助学生发展高阶思考能力，使他们在学习过程中能够自发地探索问题、分析信息并且做出逻辑判断。例如，在学习历史时，学生不仅要知道事件发生的时间和地点，还要了解相关历史事件的背景、原因和影响，并且需要进一步分析历史事件，这样才能培养学生分析和评价的能力。认知能力不仅是学生实现从繁杂的信息中

---

[1] 张焕庭.教育辞典[M].南京：江苏教育出版社，1989：732.

找到核心信息的重要能力,还是学生深入理解和批判性思考复杂问题时所需的关键能力。

2. 情感倾向性

情感倾向性是人的认知能力在发挥作用时不可或缺的因素。如果一个人没有情感倾向性,那么他的认知能力往往也是机械的、被动的,具有情感倾向的学生则能主动积极地参与学习过程。德尔菲研究项目将情感倾向分为两个方面:一般情感倾向性能力和具体的情感倾向性能力。一般情感倾向性能力包括勤学好问、博闻多识、对机会的敏感、对推理的自信、相信理性、心胸开阔、灵活应变、善解人意、在做出评价时保持公正、在面对个人偏见时保持诚实、在做出判断时保持谨慎并愿意重新考虑等。具体的情感倾向性能力则主要包括面对问题时头脑清晰、处理复杂事务时井井有条、勤于搜寻相关信息、选择标准时理由充分、探究问题时专注目标、持之以恒地追求所探究的问题与条件许可的尽可能精确的结果。

教师培养学生的情感倾向性有助于学生养成独立探究的习惯,激发他们对知识的渴望和对逻辑推理的信心。在义务教育阶段,情感态度的形成不仅可以凭借学校中日常的课堂教学互动,还可以借助教学中丰富的课外活动,帮助学生增加体验和感知,让他们在真实的生活体验中形成积极的情感态度。例如,学生可以在小组合作中学会倾听他人的意见,小组合作要求学生在面对不同观点时,必须学会保持理性、开放的态度。这种小组合作活动不仅促进了他们认知能力的成长,还有助于对他们情感倾向性的塑造。

情感倾向与认知能力的有机结合是学生全面发展的重要保证。如果一个人只有认知能力而缺乏情感态度,他就会缺乏积极主动的学习态度和探索知识的精神。反之,如果学生具备了情感倾向,但缺乏认知能力,那么他们虽然有学习热情,但无法正确理解和运用知识。因此,教育者在制定义务教育阶段的学习目标时,应注重这两种素质的全面发展,使学生既有思考能力又有学习热情,这样才能促进学生思辨能力的发展。

(三)培养思辨能力:走向全面发展教育

思辨能力是一种较高层次的认知能力,是学生在综合运用知识和技能的过程中逐步形成的思维方式。学生思辨能力的发展不仅源于知识的积累,更需要学生在实践情境中不断练习。义务教育阶段的教学目标应注重培养学生的思辨思维，这种能力可以帮助学生面对不同的情境时，主动进行批判性分析，并做出独立判断。

思辨能力不仅是一个人个体认知能力的体现，更是一种价值观念、情感倾向和人格魅力的体现。一个人在具备了思辨能力之后，在今后的学习和工作中更能够从不同角度理解和分析问题，并且善于提出建设性的解决方案。学校培养学生这种能力，不仅能提高学生的学习成绩，还有助于他们成为具有独立思考和具有批判性思维的社会公民。

未来的教学目标应该是知识、技能和情感态度的多元融合，学校教学为学生提供系统的知识结构，教师培养学生的认知能力和情感能力。同时，批判性思维能力作为更高层次的教学目标，应成为教学设计的重要组成部分，这样学生才能逐步成为能够独立思考、有效解决问题的全能型人才。

义务教育阶段教学目标的变化，反映了教育发展的趋势和时代的需要。这意味着，学生不仅要掌握扎实的知识和技能，还要有开放的情感态度和独立思考的能力，这样才能在未来的人生中更好地适应和创造自己的价值。这一变化为义务教育阶段的教学设计提供了新的方向和思路。

第二节 教学方法与步骤的优化

一、教学方法的改进

改进教学方法，对提升教学质量、促进学生全面发展意义重大。

（一）传统的教学方法

传统教学方法对应的是传统的课堂教学模式，传统教学方法作为中国教育的主要教学方法之一，在传授知识和培养学生学习习惯方面占有重要地位。传统教学方法主要是指，教师利用黑板进行讲解并板书教学内容，学生在教室内，坐在固定的座位上听讲并按照教师的要求完成相关练习，学生按照教师的教学节奏，跟随教师学习，并且吸收教师教授的知识。

第五章　课程教学中思辨能力培养的策略

传统教学方法不能等同于由教师主导的纯粹单向灌输，实际上它具有传授知识和师生情感交流的双重任务：教师不仅承担着开发学生智力的任务，还要凭借自己的言传身教对学生的情感发展产生积极影响。传统教学方法对学生的发展影响深远，传统教学方法在教育理念、教学组织、教学过程等方面都表现出许多特点和优势。当然，传统教学方法确实在一定程度上影响着学生思辨能力的发展。

1. 传统教学方法的内涵

传统教学方法的基础是德国哲学家、心理学家约翰·赫尔巴特（Johann Herbart）的"三中心论"，即以教师、课堂、教材三者为教学活动的中心。在传统课堂上，教师扮演着知识传授者的角色，教师需要根据课本内容和教学进度，悉数将课本中的知识传授给学生，按照教学进度，逐步帮助学生建构起一个完整的学科知识体系。学生在课堂上与教师相比，是处于一个相对被动的地位的。学生在课堂上根据教师的讲授和教学板书，参照教科书上的相关知识学习相关内容。学生在课堂上学习相关内容后，也需要在课后复习和练习的过程中巩固知识。

在传统的教学过程中，教师不仅可以直接讲解知识，或者采用板书的方式解释相关知识，还可以抓住机会引导学生思考和分析问题，教学可以发生在一些潜移默化的教学互动中。例如，在讲解问题时，教师往往会刻意传授给学生解题思路，这个过程实质上就是教师在教授学生解题思路的同时，训练学生的思维。因此，传统教学其实也具有一定的灵活性，教师可以根据不同学生的学习需求，主动调整讲解的深度和难度，达到较好的教学效果。同时，这种传统的教学方法其实相当重视师生之间的交流和互动，强调教师向学生传递情感和价值观，让学生从教师的言传身教中获得道德和情感的滋养。

2. 传统教学方法的优势

传统教学方法在现代教育环境中面临诸多挑战，但传统教学方法仍具有独特的优势。例如，传统教学方法注重知识的系统传授和学生基本技能的培养，能在一段时间内让教师快速教授并且巩固教学内容。传统教学方法的优势主要体现在以下几个方面。

（1）确保了知识的系统性和连贯性。传统教学方法以教材为依据，教师也是严格按照教学大纲和教学计划而开展教学活动的，教师传授的知识内容具有系统性和连贯性。学生可以在这种传统的教学模式下，逐步构建相对完整的知识结构，从而打下坚实的学科基础。教师这种根据教材内容，按照一定逻辑开展教学的方法，可以让学生内在的学科知识体系更具逻辑性与结构性，这种教学方法无形中对学生今后的学习和发展起到了重要的铺垫作用。

（2）发挥教师的主导作用。在传统教学中，教师不仅是知识的传播者，更是课堂的组织者和管理者。教师可以根据学生在课堂上的反馈，以及课堂教学的学习效果，适时调整教学方法，提高课堂效率。教师在课堂上发挥引导作用，可以使知识的传授更有针对性和权威性，当然这对教师的能力与素质也提出了较高的要求。

（3）维护教学秩序。传统的教学方式往往是以固定的课堂结构和进度为基础的，教师主导的课堂可以有效维护正常的教学秩序，保证课堂教学的有效性。教师严格课堂管理，可以保证学生以一个较为良好的学习状态全身心投入学习，也可以保证课堂纪律的稳定，这能使教学活动有序进行。

（4）适用于大班教学。传统的教学方法特别适用于大班教学，即使是几十人的班级，教师也可以采取讲课、白板等方式全班统一传授知识。传统的教学方法的优势，在学生人数较多、教育资源较为有限的情况下尤为明显。

3. 传统教学方法的局限性

传统教学方法虽然有一定的优势，但在现代教育环境中也表现出较多的局限性。例如，学生的发展需求和社会对人才需求的转变，都对教学提出了更高的期望，但是在传统教学方法相对僵化的情况下，这种方法无法满足这种期望。

（1）缺乏学生的主动性。在传统教学中，教师是知识的唯一传授者，学生主要依靠教师的讲解来获取知识，这就阻碍了学生的自主探索精神的发展。这种"灌输式"的教学方法限制了学生的学习积极性和主动性，长此以往，这种传统的教学方法难以激发学生的学习兴趣，更难培养学生自主学习的意识和能力。同时，传统的教学方法往往难以满足学生的个性化需求，个体差异无法得到充分体现。

（2）忽视学生的批判性思维能力。传统的教学方法决定了在这种教学模式下，教学更加注重知识的积累，而相对忽视了对学生思维能力的培养。在传统教学模式中，教师通常给出问题的标准答案，学生被动接受，这种不反思、不提问的情况，必然会抑制学生批判性思维的形成，学生的思辨能力也难以发展。在这种教学方法主导的教学模式下，很多学生养成了依赖权威人士的习惯，没有独立思考的机会，也不会养成独立思考的习惯。

（3）互动不足。传统教学方式中的交流主要是教师单向传授知识，师生之间的交流有限。由于课堂时间有限，教师通常难以对学生提出的个别问题进行详细解答，甚至学生没有机会在课堂上提出自己的疑问。这必然会导致学生的疑虑得不到及时解决，进而影响学生的学习效果。由于师生之间缺乏充分的沟通，因此师生之间难以建立良好的互动关系，这也会影响学生的学习兴趣和积极性。

（4）无法满足现代社会多样化的人才需求。现代社会对人才的要求不仅有扎实的学科知识，还需要人才具备沟通能力、团队协作能力、创新意识等多方面的素质。然而，传统教学方法主要注重知识的传授，教师采用传统的教学方法容易忽视对学生全面能力的培养，进而导致学生在进入社会后，出现适应能力差、实践能力不足等问题。

4.传统教学的历史渊源及其对思维的影响

传统教学方法的产生和发展与历史背景密不可分。中国传统教学方法受封建社会教育制度的影响，即在以小农经济为基础的封建王朝中，教育主要是为封建君主培养出合适的人才。受到"学重于事"观念的影响，中国传统教育的主要目的是培养为封建政府服务的官员。因此，教学内容以儒家经典为主，注重诵读和背诵，教书先生对学生的要求就是将书本上的内容一字不差地背下来，即便是写作也是"代圣贤立言"[1]。学生主要听从教师的教导，相信圣贤书中的知识，学生想要通过"学而优则仕"[2]的具体方式就是闷头读书。这种教学方法忽视了对个人辨别力和独立思考能力的培养。这一传统对学生的学习习惯和思维方式产生了深远影响，强调对经典的服从，却缺乏批判精神。

---

[1] 白维国.现代汉语句典：上[M].北京：中国大百科全书出版社，2001：286.

[2] 徐亚斌.《论语》中的成语解读[M].上海：上海社会科学院出版社，2020：153.

这种对"忠诚"的强调在维护封建社会稳定方面发挥了重要作用，但也在无形中扼杀了学生的个性发展。学生通过死记硬背来获取知识，会产生对权威的依赖，这种依赖阻碍了他们创造力和思辨能力的发展。这种模式虽然有效地保证了知识的系统传授，却在很大程度上忽视了对学生主动性和批判性思维能力的培养。

作为教育领域的主要手段，传统教学方法在传授知识方面具有独特的优势。然而，随着现代社会对人才综合素质要求的不断提高，传统教学方式逐渐显现出局限性。未来，教育应在继承传统优势的基础上探索创新之路，在知识与技能的双重培养中促进学生的全面发展。

（二）改进的教学方法

传统的教学方法早已难以满足新的发展时代对教学的要求。传统的教学方法倾向于针对已有知识与技能的传授，在激发学生思辨思维方面难以发挥效力。因此，义务教育教学改革呼唤教师采用更加灵活多样的教学方法，让学生在不断的探究、分析和反思中，逐步形成独立、批判和创新的思维能力。以下将探讨几种适合培养学生思辨思维的教学方法，这些教学方法或许有助于学生思辨思维的发展。

1. 问题导向教学法

问题导向教学法是一种以问题为中心的教学方法，这种教学方法强调在探究过程中，教师注重培养学生分析、综合和解决问题的能力，锻炼学生的批判性思维。教师在课堂上提出开放式的、具有挑战性的现实问题，这些问题需要激发出学生主动思考和探究的兴趣。在以问题为导向的课堂上，教师不直接提供答案，而是引导学生思考，引导学生通过多方面的分析和推理去发现答案。

例如，教师可以在科学课中设计一个与环境问题有关的讨论，提出"如何保护野生动物"这一实际问题，为学生提供一定的相关知识背景引导学生对这一问题感兴趣，学生带着问题从社会、经济和技术等角度，探索"如何保护野生动物"这一实际问题的解决方案。在解决问题的过程中，学生不仅要查找资料，还要综合比较不同的观点，经过讨论后最后得出合理的结论。这种教学方法可以帮助学生在解决问题的过程中不断锻炼逻辑推理能力和综合思考的能力。

问题导向教学法的本质是鼓励学生主动探究获取知识。这样学生不仅能在课堂上获得学科知识，还能在探究过程中培养批判分析、独立评价、多角度思考等基本的批判性思考能力，从而逐步形成解决复杂问题的能力。

2. 讨论式教学法

讨论式教学法是教师组织课堂讨论和辩论的教学活动，为学生提供批判性思维的机会。学生展开相关教学内容的讨论，可以更深入地理解某个主题相关的知识，展开思想交流和观点交锋，这种教学方法可以有效培养学生批判性分析的能力。在这种教学方法中，教师扮演着促进者的角色，主动提出发人深省的问题或话题，为学生提供自由表达和交流的空间。

例如，在语文课程中，教师可选择有争议的话题，如某部文学作品中主角的立场问题，将学生分成两组展开辩论。学生在搜索相关资料后，可以凭借已有的资料论证自己的立场，反驳和质疑他人的观点。在这一过程中，学生将逐步培养起批判性思维。教师应鼓励学生从多角度看待问题，避免其陷入片面化的思维模式。

讨论式教学法不仅能提高学生的沟通能力和自信心，更重要的是能帮助学生在交流中学会分析和推理，培养学生独立判断的能力。学生可以在讨论中发现不同观点的合理性，逐步建立开放的思维模式，培养独立的批判性思维。

3. 探究式学习教学法

探究式学习教学（hands-on inquiry based learning）是一种基于学生自主发现和探究过程的教学方法，这种教学方法旨在引导学生通过探索发现知识，从而培养学生的逻辑推理和分析能力。探究式教学不仅能激发学生对知识的渴求，还能让学生在实际操作和实验中掌握科学的探究方法，提高学生的思维能力。

在探究式教学中，教师为学生提供问题导向和主要资源，让学生通过自主实验、分析和思考获取新知识。例如，教师可以在数学课堂上提出一个复杂的问题，扮演引导者的角色，提示学生可以用逻辑推理的方法，找到解决问题的思路。教师在选择探究式教学法时，要带领学生经历假设、验证、归纳的过程，最后找到问题答案，学生可以在这一过程中养成严谨的思维习惯。

探究式教学法可以让学生在实践中发现知识系统之间固有的逻辑性，学生可以形成结构严谨的思维模式。在这个过程中，学生不再是知识接受者，而是主动的探索者和分析者，可以采用独立研究的方式，逐步建立起批判性和分析性的思维框架。

4. 情境教学法

情境教学法是教师创设出真实或模拟情境，将教学内容与现实生活联系起来，让学生在具体环境中开展学习活动。情境教学法可以激发出学生的好奇心和探索欲，使他们在实际问题中接受逻辑思维和批判性思维的训练。

例如，教师可以设置一个历史模拟的教学活动，让学生扮演历史人物，学生需要根据自己扮演的历史人物所处的历史背景和情境做出适当的决策。这样的教学活动设计有助于学生从不同角度分析问题，学生也可以在角色扮演过程中探究一名历史人物的思维方式。毕竟，学生在做出决策之前，需要充分结合所扮演人物的性格习惯、行为动机、社会环境等因素，做出最符合人物动机逻辑的选择。

不仅仅是历史模拟情境，教师还可以根据教学内容，设置一个真实或模拟情境，学生在教师设置的情境中加深对学科知识的理解，也能养成批判性分析现实问题的思维习惯。学生在情境中学习知识，还能培养出从多角度看待和解决问题的能力。

5. 差异化教学法

差异化教学法是一种根据学生的认知水平、学习特点和兴趣进行个性化教学的方法。教师需要关注学生的个体差异，在培养学生思辨思维能力的过程中，设计不同难度和类型的教学任务，帮助学生按照自己的需求进行选择。

差异化教学法不仅需要教师灵活运用教学方法，还需要教师对学生有深入的了解。例如，对于逻辑思维能力强的学生，教师可以为这些学生提供更具挑战性的任务，鼓励学生在更困难的情境中提高逻辑分析和批判性思考能力。针对语言表达能力强的学生，教师可以提供辩论的题目，学生可以借助辩论提高表达和推理能力，在讨论中提高思维深度和逻辑性。

差异化教学法为学生提供了差异化的学习途径，可以让他们在适宜的环境中选择适合自己的教学任务，并充分开发自己的思维潜能。在此过程中，学生不仅能获得思辨思维的能力，还能增强自信心，并且可以培养自主学习意识。

6.跨学科整合教学法

跨学科整合教学法打破了学科壁垒，这种教学法将多学科知识融会贯通，可以帮助学生在学习中形成多维的认知视角和思维方式。这种教学法鼓励学生发现不同知识领域之间的联系，在跨学科的过程中，学生的系统思维和批判性思维能力就能得到锻炼。

例如，在科学、数学和思想品德的跨学科课程中，教师可以要求学生从科学和思想品德的角度分析垃圾回收的问题，然后结合数学相关知识，给学生设置几道应用题，计算垃圾回收的成本和效益。这时候，学生需要应用科学、数学和思想品德的知识才能解决教师提出的问题，同时，学生需要将其与社会现实结合起来进行综合分析，并在多角度的探讨中，全方位理解这个问题。

跨学科综合教学法需要多学科的协同作用，这种教学法可以帮助学生培养系统性思维和批判性思维。在学科融合中，学生不仅能理解知识的广度，还能在交叉学习中，逐步掌握多角度分析和综合解决问题的能力。

在现代社会对学生的创新思维和思辨思维的要求越来越高的背景下，传统的教学方法已经难以满足社会对学生批判性思维的需要。教师采用多种教学方法，可以有效激发学生的思维潜能，帮助学生在多维学习中形成批判性、创造性和独立性的思维。这些教学方法不仅能丰富学生的学习体验，还能使他们在多维度、全方位的思维训练中，逐步成为具有思辨思维能力的社会公民，为迎接未来的挑战做好充分准备。

二、教学步骤的改进

改进教学步骤之前，研究者需要先明确传统的教学步骤。

（一）传统的教学步骤

传统的教学主要分为三个步骤：课前准备、课堂教学和课后练习，这三个步骤形成了一个完整的教学闭环。教师广泛使用这三个传统的教学步骤，并取得了一定的成效。然而，传统的教学步骤过于注重教师的主导作用，限制了学生的自主学习和批判性思考能力。

1. 课前准备阶段

课前准备阶段是传统教学过程中的重要环节，主要目的是让学生初步了解所要学习的内容。教师通常会给学生布置课前作业，布置的课前预习内容通常是与教学相关的内容。比如，教师课前可以要求学生提前阅读相关资料，让学生自学一些基础知识。然而，这种预习往往停留在"读"和"看"等这种较为简单的层面，没有明确的学习目标和任务指导，教师也难以检查学生的预习成果。因此，即便教师给学生布置课前作业，学生也无法或者说几乎不能深入理解所要学习的内容，难以形成有效的预习效果。因此，学生的课前预习往往流于形式，这样的预习无法为学生后续的课堂教学打下良好的基础。

此外，课前预习的设计以教师的指令为主，这种预习活动不强调学生的主体地位。学生在预习过程中只是被动接受任务，学生的预习活动缺乏问题探索和主动思考的空间，这使预习阶段也只是成为学生被动接收信息的过程。学生的思维在预习阶段尚未被激活，学生对学习内容的理解较为浅表化，在正式的课堂学习中，就需要重新花费大量时间在基础知识方面，在课堂上也难以投入时间与精力于深入掌握知识方面。因此，在传统的课前准备阶段，学生仅仅在浅层接触了教学知识，并没有思考和探索的机会。

2. 课堂教学阶段

课堂教学阶段是传统教学的核心教学步骤，教师会在这个阶段采取讲解和演示的方式，向学生传授知识。在此过程中，教师会先进行导入教学。教师通常会讲述与学习内容相关的背景知识，为学生带来一种感性认知。这种导入方式虽然有助于学生理解基础知识信息，但也只是一种以教师为中心的单向传递，学生仍然是以一种被动听讲、机械记忆的方式参与课堂教学阶段的，师生之间难以形成深入的思维互动。

在具体的教学过程中，教师通常会对课程内容中的重点和难点进行分解，逐步进行详细讲解。在课堂教学中，教师也会组织学生进行大量的基础知识的重复性练习，确保学生掌握基本的知识与技能。然而，教师的讲解与示范虽然可以帮助学生快速学习课程中的知识与内容，但未必能起到引导学生进行更深层次的思考和推理的作用。学生在课堂上的角色往往是被动的接受者，学生课堂上的学习行为主要是模仿、记忆和简单应用，课堂几乎没有留给学生独立理解和思考知识的空间。

教师主要采用的教学方法是"讲授+练习"，即教师讲解完知识点后，学生通过反复练习来巩固所学知识。这种教学方法在传统课堂上非常常见，但也存在严重的弊端。由于课堂时间有限，学生的练习过程大多是机械地重复所学知识，缺乏对知识的主动探索和深入应用。传统课堂中的"讲授+练习"的教学方法往往只能加强学生对知识的短期记忆和应用，忽视了对学生思维和创新能力的培养。长此以往，学生会逐渐依赖教师的讲解，无法独立分析和解决问题。

在传统课堂上，教师对教学内容的控制极为严格，学生的学习过程和学习方式都被限制在了教师的讲授框架内。这种方式虽然可以在短期内提高学生对知识的掌握程度，但限制了学生上课的积极性和参与度。教师的"权威性"不仅扼杀了学生的创造性，还大大降低了课堂互动的丰富性，使学生难以在学习过程中有效地建构知识和发展创新能力。

3. 课后练习阶段

课后练习阶段是传统教学阶段的最后一个阶段，目的是巩固课堂所学内容，帮助学生加深理解。通常情况下，教师会根据课上讲解的内容布置课后作业，这些作业大多是课堂知识的复现和简单应用，如完成课本习题、背诵知识点等。课后习题的设置一般也比较固定，教师有时候也会根据学生的学习进度和理解情况进行调整。这种课后练习虽然在一定程度上能巩固学生的学习内容，但往往会忽视学生的个性化需求，也无法提升学生的自主学习能力。

在课后练习阶段，教师可以在一定程度上检验学生的掌握情况，但检验的内容和形式大多比较单调，缺乏新意。学生在完成作业的过程中，也只是简单、机械地重复课堂上所学的内容，不能做到真正地反思和内化所学知识。教师在批改作业时更注重结果的对错，忽视了学生在答题过程中的思考和逻辑推理。从长远来看，这样的做法并不能有效提高学生的批判性思考能力，反而会让学生感到枯燥。

此外，传统的课外作业更多是对知识掌握情况的检测，无法起到对学生思维的引导作用。学生在做作业的过程中没有机会与他人交流和分享，作业的独立性和封闭性使学生难以激发相互学习的动力，失去了思想碰撞的机会，从而阻碍了学生协作精神的形成。

传统的教学步骤在传授知识和培养学生基本技能方面有较好的效果，但其"教师主导、学生被动参与"的形式，限制了辩证思维和学生自主性的发展。随着教育理念的不断创新与变革，教育研究者有必要改进传统的教学步骤，以便更好地满足现代教育的需要。

（二）改进的教学步骤

在现代教育背景下，单一的知识传授已逐渐不能满足学生全面发展的需要。传统教学往往注重知识的单向传授，这就很容易忽视对知识的内化和实际应用能力的培养。以结果为导向的教学步骤越来越受到重视，这主要包括产出准备导向、产出过程导向、产出评价导向三个阶段，以此来关注学生的表现，教师可以借助这种方式引导学生在实践中掌握知识和发展技能。

1. 产出准备导向

产出准备导向是教学活动顺利实施的关键一步，它作为产出过程导向和产出评价导向的基本环节，对学生课前知识的准备和思维的预热至关重要。教师选择合适的内容和合理的任务设计，能在产出准备导向这一步有效激发学生的学习兴趣。这意味着，学生不仅能在课前了解学习的目标和重要性，还能通过任务的逐步积累获得成就感，从而提高学习主动性。

有了基础准备的引导后，学生进入课堂时就有了一定的知识基础，可以更快地进入讨论、互动等课堂实践环节。教师也可以利用课前学习的积累，引导学生在课堂上积极发表自己的观点，开展师生、生生间的交流活动，提高课堂的互动性和参与度。教师设计循序渐进的任务和多种输入材料，能使学生在获取知识的过程中逐步形成批判性思维。在完成任务的过程中，学生不仅能学到知识技能，还能提高逻辑表达能力和批判性思考能力，为今后的学习和生活打下坚实的基础。

产出准备导向强调通过系统的教学设计提高学生的参与度和学习效果，主要包括以下四个方面。

（1）驱动内容的选择。教师选择准确的驱动内容是产出准备导向的第一步，驱动内容的选择效果会直接影响学生的积极性和参与度。教师需要选择合适的内容来激发学生的学习兴趣，为课堂上的教学活动打下良好的基础。教师可以通过制定明确的学习目标和评价标准来激励学生。例如，教师可以向学生说明，作业的评分结果将在期末成绩中有所占比，这样学生就会意识到学习的重要性，从而在课堂上更加专注，配合教师开展对应的教学活动。

除了可以用评价激发学生的学习热情，教师还可以让学生意识到知识的实用价值，学生也会相应地产生一定的内驱力，并被激发出学习热情。例如，教师可以模拟现实情境，布置贴近生活的任务，让学生体会到所学知识与现实生活的联系，从而激发学生学习的内在驱动力。教师还可以引入现实生活中的案例，让学生了解所学内容在未来职业和日常生活中的具体应用，这也可以激发学生的内在学习动力。

（2）产出任务的设计。产出任务的设计这一步骤的目的是，将学习目标转化为明确的实际任务，使学生能够将所学知识应用到具体情境中。

教师在设计产出任务时要充分考虑到学生的知识水平和接受能力，需要将复杂的产出任务分解成一系列较小的任务，学生通过完成小任务来达到循序渐进完成输入内容的总任务。

教师通常可以将一个大任务细化为若干具体的子任务，任务的设计应体现分层递进的思想。教师可根据不同学生的水平和进度设计适合他们的任务，让学生逐步掌握学习内容。例如，在英语教学中，教师可以让能力较强的学生完成难度较大的表达任务，为基础薄弱的学生安排简单的句子练习，学生从简单的词汇和短语练习开始，逐步过渡到更高层次的表达，从而得到不同程度的提高。

（3）输入材料的筛选。输入材料是学生获取知识的主要资源，其质量会直接影响学生的学习效果。教师在选择输入材料时，应遵循内容丰富、层次清晰的原则，为学生提供多样化的学习资源。

（4）产出前导向的输入。产出前导向的输入是在产出任务正式开始前，教师要为学生提供知识引导和任务讲解，这样可以帮助学生更有效地进入学习状态。它包括输入材料的介绍、任务指导和准备检查，以确保学生顺利过渡到输出型学习。以产出为导向的初始引导具体有以下内容：学生可根据个人学习习惯进行自主预习,教师则通过作业对学生的预习成果进行简单评估,确保学生能顺利完成预设任务。接下来,教师为学生分配与主题相关的任务,也要鼓励学生在开始课堂教学前,就通过自学掌握一定的基础知识。如果教师发现学生预习效果较差,也可以适当增加课堂指导,确保学生有必要的知识储备。

之所以教师增加产出准备导向是教学步骤的第一步,是因为它能引导学生提前进行知识储备和心理准备,产出准备导向能有效提高课堂教学效率。产出准备导向的核心在于教师需要精心选材和设计任务,提高学生的积极性和参与度,这样才能为后续的教学活动打下坚实的基础。

教师以成果为导向的备课,使教师自身能够更有针对性地进行教学设计。教师能够更灵活地选择教学内容、输入材料和任务难度,也能有效控制教学进度。在今后的教学实践中,产出准备导向作为以结果为导向的教学法的一部分,将继续在帮助学生拓展思维深度方面发挥重要作用。

2. 产出过程导向

产出过程导向是指教师在课堂上引导学生开展实践练习活动完成学习任务,使学生实现知识内化和能力提升的过程。这一过程主要包括两个部分:产出驱动和产出促成。由此教师布置了一系列教学任务来激发学生的学习动机,帮助他们在实践中掌握知识点和技能。

(1)产出驱动。这个部分主要包括以下三个步骤。

第一步,课前检查任务完成情况。

在正式课堂教学之前,教师需要检查学生的课前准备情况,尤其是对基础知识的掌握情况。教师可以采取口头提问和快速测验的方式,评估学生的课前准备情况,教师需要带领学生共同复习准备不达标的部分。这一过程不仅能帮助学生快速进入学习状态,还能让学生明确课堂学习的目的和目标,为进一步开展教学活动奠定基础。

第二步,课堂内容展示。

正式上课伊始,教师应结合学习目标和课程设置,逐步展示本节课的主题内容。在内容讲解过程中,教师不仅要讲解必要的知识点,还要为学生创造开放式的讨论机会,让学生围绕主题进行思考和表达。例如,教师可鼓励学生以小组形式交流观点，或以口头和书面形式阐述自己的理解。在这一过程中，教师要找出学生的表现与目标之间的差距，并提供相关的例子和指导，帮助学生认识到改进的机会。

第三步，记录学习进度。

学生完成相关的产出任务后，教师需要及时记录每个学生的表现，按照具体情况选择电子记录或成长档案袋等方式记录。这些记录不仅可以作为评估学生学习成果的依据，还可以为教师的后续教学提供参考数据，帮助教师在今后的教学中制订更有针对性的教学计划。

（2）产出促成。产出促成环节是在产出任务描述之后，教师为学生提供进一步的指导和支持，帮助他们在成果活动中顺利地实现知识和技能的转化。这个部分包括以下四个步骤。

第一步，任务分解与描述。

教师将较大的产出任务分解为若干子任务，可以降低任务的整体难度。教师需要明确每个子任务的具体要求。在这个过程中，教师要向学生清楚地解释每个任务的目标和步骤，用简洁的语言点明重点，确保学生在教师的指导下能够顺利完成学习活动，避免因理解不到位而影响学习。

第二步，学生的选择性学习。

在明确输出任务的目标后，学生需要有选择地学习教师提供的材料，其中，学生要专注学习有助于完成任务的内容。教师应监督学生的学习情况，并根据学生的学习情况不断提供反馈和建议。一旦教师发现学生的学习内容偏离了任务的要求，教师必须及时引导学生回到正轨，以确保学生按照预期完成产出任务。

第三步，练习性产出。

选择性学习完成后，学生可以按照任务要求进行练习性产出。学生可以尝试将所学知识应用到本节的具体任务中，形成初步的内容成果。教师在学生的练习过程中扮演导师的角色，提供有针对性的建议，并及时对学生的表现进行评估，帮助学生在反复练习中巩固和提高学习成果。当学生逐步把已完成的子任务组合起来时，产出任务也就完整了。

第四步，作业布置。

在课堂结束前，教师应根据当天的学习内容给学生布置巩固性作业，以进一步提高学生的学习效果。学生完成教师布置家庭作业不仅可以起到复习的作用，还可以让教师借助作业对学生完成知识掌握程度开展延续性检测。教师要明确作业的要求、交作业的时间和作业的形式，让学生在规定的时间内完成作业，避免不必要的误解和偏差。

3. 产出评价导向

由于班级教学仍然是课堂教学的主流形式，教师需要建立灵活有效的评价模式，以保证学生在学习过程中的积极性和学习结果的质量。因此，产出评价导向将即时评价与延时评价、形成性评价与终结性评价结合起来，这种综合评价的手段，使学生可以得到明确的反馈，便于学生不断改进学习。

（1）即时评价与延时评价相结合。教师将即时评价与延时评价相结合，可以满足不同阶段教学的需要，并为学生提供及时和持续的反馈。

即时评价是教师对学生课堂学习情况的快速反馈，通常用于产出过程。教师在指导学生完成学习任务后，可根据学生的表现及时给予反馈和指导。例如，在学生完成选择性学习或尝试产出时，教师可根据学生的表现及时给予纠正和建议，帮助学生调整学习方法，学生则可以巩固已掌握的知识。

延时评价则是指学生在完成产出任务后，教师对学生的表现进行更全面的评估。延时评价通常在一堂课结束时进行。教师可根据学生的学习成绩、作业质量等，对学生的进步情况提供详细反馈。此外，延时评价还可让学生也参与反馈过程，如小组讨论或自我评价，延时评价可以提升学生对学习过程的反思能力。

（2）形成性评价与终结性评价相结合。形成性评价贯穿于学生的整个教学过程，而终结性评价则是对某个教学阶段的总结。二者相辅相成，教师对其进行结合应用，有助于全面了解学生的学习情况。

教师要在教学的不同阶段实施形成性评价，持续跟踪学生在每个阶段的学习效果。在产出准备阶段，教师会给学生布置一定的预习任务，形成性评价在这一阶段起到了督促和监控的作用。教师借助形成性评价检查学生的预习效果，可以及时了解学生是否完成了基础知识的预习，教学内容是否需要调整。教师在产出促成环节，也会采用形成性评价来检查学生在选择性学习和练习性产出中的表现。教师可根据学生在子任务中的表现，及时调整教学进度或引导学生加深理解。形成性评价旨在帮助学生巩固所学知识。教师可以通过观察学生在任务中的表现及其回答的准确性，及时提供反馈。

以阶段考试或任务结果为依据的评价方式，叫作终结性评价。教师通常在每个学习阶段结束时开展终结性评价。教师综合学生在每个任务中的表现，对学生的技能进行评估和打分。终结性评价不仅是一种对学生掌握情况的检验，还是对课程整体效果的反馈。终结性评价有助于学生明确自己在整个学习周期中的表现，学生可以根据评价结果调动继续学习的积极性。学生的作业成绩，可以作为期末考核的参考数据，同时也是改进教学的重要依据。

（3）教师与学生的评价互动。在产出评价导向中，评价主体不再仅仅是教师，学生也逐渐参与了评价过程。越来越多元化的评价方式，意味着师生可以更加紧密地互动，共同提升教学效果。常见的评价方式，如表5-1所示。

表5-1　常见的评价方式

评价方式	特点	评价主体	适用场景	优点	缺点
自我评价	学生自行反思学习过程和结果，记录自我成长	学生	适用于提升学生的自我反思能力的课程	促进自我反思和自主学习	学生可能无法客观评价自己
同伴评价	通过小组或同学之间的互评来了解学习效果和不足	学生	适用于小组合作、团队项目	增强合作意识，提供多样化的反馈	可能受学生关系影响，评价不够客观
教师评价	由教师根据学生表现进行评价，通常较为客观	教师	普遍适用	评价权威性高，能够指导学生进步	评价内容较为单一，学生参与度低
家长评价	通过家长观察学生在家学习情况进行反馈	家长	适用于家庭参与较多的教育活动	提供家庭视角的反馈，有助于家庭和学校互动	家长可能缺乏专业性，评价存在主观性
表现性评价	通过实际项目、演示等方式展示学习成果	学生/教师	项目式学习、演示性学习活动	强调实践能力和创新，展示学生真实水平	耗时较长，评价标准难以统一

续　表

评价方式	特点	评价主体	适用场景	优点	缺点
电子档案评价	通过电子档案记录学生的学习轨迹和成长过程	学生/教师	适用于长期跟踪学生进步状况的课程	可以全面记录学生的成长，便于数据分析	需要技术支持，管理工作量较大
标准化测评	通过统一的考试或测试，评估学生对知识的掌握程度	教师/机构	适用于知识性课程	能够客观衡量学生知识水平，具有可比性	可能限制学生的创造性，评价单一
项目式评价	学生通过完成特定项目展示其能力，评估实际应用和创新水平	学生/教师	项目驱动课程、跨学科项目	强调应用能力和创新，展示综合素质	评价标准多样，存在主观性
问卷调查	通过调查问卷收集学生对课程的反馈，了解学生的学习体验和建议	学生/教师/家长	适用于教学反馈和改进	帮助教师优化教学方式，反映学生真实需求	学生回答可能流于表面，评价深度不够

根据表5-1可知，学校教学的评价方式呈现多样化趋势，评价主体也一改过去教师为主导的局面。因此，教师应与学生积极交流互动，帮助学生掌握评价要点，与学生共同提升教学的成效。

（4）评价记录与教学反思。评价反馈记录是教师了解学生学习状况的重要依据，也是教师反思教学效果、提高教学质量的关键。教师可以通过记录评价结果，总结在教学活动中学生存在的典型问题和不足，这可为教师的后续课程设计提供参考。在完成评估记录后，教师可以定期进行教学反思，这样能够发现教学环节中存在的问题，并找到改进的思路。例如，如果即时评估发现学生对某一核心知识的掌握不够到位，教师可在今后的教学计划中增加有针对性的活动，进一步提高学生的理解能力。记录的评价数据还能帮助教师追踪学生的长期进步，教师也能根据数据及时调整教学计划，使课程更符合学生的发展需要。

第三节　课程创新与教材的二次开发

一、创新课程转变

传统的课程结构过于强调知识的传授，忽视了学生分析、评价和解决问题的主观能动性。而这些能力都是学生思辨能力中必不可少的一部分，因此，课程创新转变已经成为必然之举。课程创新改革的主要目标是鼓励学生在已有知识的基础上探索知识，课程教学应该促进学生对知识的批判性思考，培养学生的逻辑推理能力和独立思考能力，最终起到促进学生思辨思维发展的作用。

（一）课程改革创新的基本理念

1. 以学习者为中心

传统的课程教学模式通常以教师为主导，而创新课程则强调了学生在学习过程中的核心作用，教师在课程教学中扮演的更多是引导者和帮助者的角色。教师在组织课程设计时，应考虑学生的兴趣、能力和生活经验，帮助学生发现问题并提出解决方案。

2. 基于问题的学习

课程改革创新中的"问题导向学习"（Problem-Based Learning, PBL），是一种让学生在真实的生活情境中解决问题的课程改革思路。这种问题导向的课程教学可以激发出学生的好奇心，从多角度分析问题，可以让学生的分析能力和推理能力得到快速提高。

3. 跨学科整合

培养思辨思维能力并不是某一门学科可以单独完成的任务，因此，课程改革不应局限于一门学科，而是需要多学科的整合，多学科通力完成。通过不同学科的结合，学生能够形成系统的思维方式，在面对复杂问题时能够从多个角度思考问题。

4. 创造性思维训练

教师积极组织各种活动、实验和提出开放性问题，可以达到训练思维的目的，培养学生的创造性思维。学生参与课程学习不仅是为了获取知识，还是为了重新组合和创造知识，培养独立思考和批判性思维。

（二）课程设计的创新策略

1. 引入开放式问题

开放式问题意味着问题是没有固定答案的，教师可以鼓励学生自由回答。例如，教师可以在劳动课程中引入一些当代职业价值问题，鼓励学生从社会、经济、伦理等多个角度进行思考并开展讨论活动。

2. 启发式教学

教师可以在课堂上抛出启发式提问，引导学生深入思考并积极讨论，而不是直接给出答案。这种策略可以逐步提高学生的逻辑思维能力，学生可以在独立研究中促进思维的发展。

3. 协作学习

小组合作学习可以让学生在讨论中交流思想，互相质疑和补充，从而拓宽思维边界。此外，协作学习还能使学生更深入地理解所探讨的问题，并提高对不同观点的开放性和批判性。

4. 基于项目的学习

基于项目的学习，意味着这个综合性任务的完成，需要学生参与研究项目的全过程，并且最终获得相关知识。例如，在一个调查环境问题的项目中，学生需要收集数据、分析现象、提出解决方案、进行小组讨论和演讲。学生除了可以获取相关知识，在这个参与过程中也提升了如应变能力、信息收集能力、口语表达能力等多种能力。

5. 基于案例的学习

以案例为基础的教学方法能够使学生接触到现实生活中的问题，并教会他们如何分析问题和做出正确的判断。这样，学生就能在分析过程中不断提高思维能力。

在创新课程中，教师不仅是知识的传授者，还是思维的激发者和引导者。教师应掌握多种教学策略，采用启发式、参与式教学方法，鼓励学生提出问题、探索思考。教师提出引导性问题，并对学生的表现提供反馈，可以有效培养学生的逻辑分析能力和思辨思维。

然而，在创新课程的实践活动中，相关研究者与开发者往往面临课程资源有限、教师培训不足、评价机制不完善等问题。也就是说，想要实现有效的创新课程转型，必须采取宏观调控的手段，政府从政策支持、资源配置、教师培训等多方面入手。同时，学校通过引入新技术、在线学习平台、跨学科资源共享等方式，克服资源和时间的限制，提高创新课程的实施效果。创新课程不仅是教学内容的更新，还是教学方法和思维方式的现代化，需要学校和教育系统的全面支持。

二、创新课程教材选择

在教育变革的背景下，教材作为知识的载体和主要的学习工具，肩负着促进学生全面发展的重任。课程教材的选择和二次开发，必须在满足学习目标的前提下，兼顾学生的不同需求，进一步促进在课堂教学中对学生思维能力的培养。

（一）课程教材的多维定义

由于教育理论、学派和文化背景的不同，各个学者对课程教材的定义在理解方式上存在明显差异。传统教育观念认为，教材既是人类知识和经验的结晶，也是人类系统总结而成的智慧结晶。但是现代教育学家杜威则认为，教材是在有针对性的情境发展过程中，可以观察、回忆、阅读和讨论的事实以及所表达的想法。[1]

综合学者对课程教材定义的看法，可以大致将课程教材的定义分为广义和狭义两个层面。广义的教材不仅指教科书，还包括教学过程中使用的所

---

[1] 曾天山．教材论［M］．北京：人民教育出版社，2019：23．

有出版材料。狭义的教材特指按照课程标准编写的系统的教学用书，或者说就是指教科书。本书是对义务教育教学改革的策略性研究，研究视角较为宏观，因此本书对于课程教材选取其广义定义。

（二）课程教材的二次开发

课程教材的二次开发是指教师根据学习目标、学生特点和课堂情况，有针对性地对教材内容进行增删和优化。课程教材在二次开发后，不仅能提高教材的针对性，还能更好地满足学生的不同需求，使课程更加符合教学实际需要。教材的二次开发主要体现在以下几个方面。

1. 自主性与统一性相结合

在课程创新改革的过程中，标准化的教材内容虽然可以满足一般的教学需求，但明显不能满足课程改革的需要，统一化的教材内容在满足不同学生的个性化需求方面存在一定的局限性。通过二次开发，教师可以在不改变教材核心内容的前提下，自主灵活增加教学的内容，实现个性化教学。例如，教师可以针对不同层次的授课学生，灵活地增减部分教学内容，确保每个学生都能参与其中，满足学生的兴趣和学习需求。

2. 动态生成学习资源

教学过程本质上是一个动态的过程，从教师最初的预设到最终生成的过程，教学效果受情境变化和学生反应的影响。教材的二次开发不是教师课前对教学资源内容的简单修改，而是教师根据课堂上学生的实时反馈进行的灵活调整。例如，教师可以跳过学生掌握得较好的内容，针对学生需要深入理解的部分，相应地扩展教材内容。这个过程是一个教材不断优化和逐步改进的迭代过程，也只有始终保持动态生成，才能确保教材更贴近课堂的实际需要。

3. 确立以能力为本的教学观

教师在教材二次开发中角色的转变，反映了教学观念的转变。传统教学过于注重对知识点的传授，忽视了对学生思辨思维的培养。创新课程要求教师从知识本位转向能力本位的教学观。尤其是英语等语言学科，教师不仅要注重听说读写能力的培养，更要通过多种教学方法促进学生思维的发展。教材的二次开发包括思想与思维的开发，以实现学生基本技能的全面发展。

（三）选择教材的原则

教材的开发者与研究者在创新课程的教材时，应考虑到教材的适应性、多样性和教学目标的可达成性。教材在确保学生可以获取知识的同时，需要起到激发学生的学习兴趣、提升学生的思维能力的作用。

1. 适应学生的不同需要

由于学生的知识基础和认知水平不同，教师选择的教材必须具备一定的弹性。教材应包括多层次、可适应不同学习能力学生的内容，满足不同学习者的需要。教师选择既有学术深度又有趣味性的教材，有助于激励学生在不同的学习阶段找到符合自身发展需要的学习内容。

2. 支持探究式学习

教师选择的教材应包括开放式的问题和实例。教师可增加与中学现实生活相关的实际问题，帮助学生将课堂知识与社会背景联系起来，培养学生分析问题和解决问题的能力。

3. 加强批判性思维能力的培养

教师在选择教材时，应注重选取包括多角度、多元化内容的教材，让学生在学习的过程中接触不同的观点，从而提高学生的分析和判断能力。

（四）创新教材的实践策略

在具体的教学实践中，教师可以通过多种策略选择和应用创新教材，保证教材的有效使用和课堂的灵活性。

1. 引入多元化教材资源

课堂上的教材不应局限于传统的纸质书本，教师应主动为学生拓展电子教材、视频等其他形式的资源。丰富的教学资源可以帮助学生多角度理解知识点，提高学生的学习兴趣和深度。

2. 定期更新教材内容

在数智时代背景下，知识更新速度加快，教材内容也需要与时俱进。教师在教材的二次开发过程中,应主动结合学科动态与最新的相关知识,让学生获得更多新颖的教学内容。

3. 建立合作平台

教师可以建立网络协作平台,让学生借助平台共享学习资源和讨论心得,从而激发学生的学习热情和增强其协作意识。教师还可以将网络协作平台作为补充教材内容、拓展学习资源的有效途径,促进学生之间对知识与学习资源的共享和深化。

第四节 发挥教师在课程教学中的作用

教师是教学活动的设计者、组织者和监督者。一个优秀教师的个人素质包括知识体系的广度和深度、教学技能的熟练程度以及教育情怀等多方面的表现,教师在课堂教学活动中的作用是不可忽视和不可替代的。教师在课堂教学中主要发挥主导和控制作用,引导学生掌握知识,控制学习进度、课程安排、教学质量和课堂纪律等。

一、教师的个人素质

教师的个人素质对教学质量和教育效果的提高起着关键作用。优秀教师的个性特征包括知识体系的广度和深度、教学技能的熟练程度和教育情怀等方面。以下将从教师的知识体系和教学技能两个方面展开论述,阐述其对教学效果的深远影响。

(一) 教师的知识体系

教师作为知识的教授者,其知识储备会直接影响教学质量。一名合格的教师,自身应该具备扎实的学科知识和过硬的综合素养,以保证课堂教学内容的准确性。

1. 专业知识

教师的专业知识是教学内容准确性和深度的保证。无论是人文学科还是理科，教师都应在自己的专业领域有扎实的学科知识基础，这样才能保证向学生传授的知识具有系统性和准确性。例如，语文教师除了掌握基本的语言知识，还必须深入了解相关的文化和历史背景，这有助于让学生理解和运用所学的知识。教师具备丰富的专业知识，并且在课堂上展示出相关内容，既可以提高学生对该学科的兴趣，又可以增强他们的学习信心。

此外，教师的知识储备应包括与该学科相关的扩展内容。来自不同学科的教师需要了解多种理论和知识的交叉点，这有助于他们从多个角度解读教学内容，教师在课堂上可以开阔学生的知识视野。例如，在历史教学中，教师可以结合文学、社会学等相关知识讲解相关史料，多维度的视角可以帮助学生更为全面地了解历史事件发生的背景和影响，更好地促进学生对相关历史事件的综合理解。

2. 综合知识素养

教师的知识体系不应局限于学科本身，应包括综合知识素养。这些综合知识素养不仅能帮助教师解决课堂上复杂的教学问题，还能强化教师的教育理念和价值观，使教师的教学内容更具人文性和深度。知识面宽广的教师不仅能在课堂上为学生提供更广阔的视野，还能激发学生的创造力和发散思维能力。

例如，具备综合知识素养的教师不仅能传授知识，还能通过文化、社会、经济等方面的拓展内容引导学生，充分发展学生的思维。特别是在培养学生独立思考和解决问题的能力时，具备综合知识素养的教师会对学生的学习态度和方法产生潜移默化的影响。因此，教师在自我提升的过程中，应广泛涉猎其他领域，这不仅是为教学提供更加丰富多样的教学内容，还能帮助学生构建更加完整的知识体系。

（二）教师的教学技能

教师的教学技能是将专业知识和综合素质转化为课堂教学效果的关键。教学技能不仅决定着教师对知识的有效传授，还直接影响着学生的学习兴趣和学生的最终学习效果。掌握和提高教学技能对教师的专业发展至关重要，主要包括教学设计、教学方法、课堂调控、教学评价等方面。

1. 教学设计与教学方法

教师在实施课堂教学活动时，必不可少的环节就是教学设计环节。教师必须根据课程设置、学生特点和课程目标，设计出合理的教学方案，这个教学方案必须保证教学的系统性和有效性。在教学设计中，教师要灵活考虑教学内容的安排顺序、教授的知识点需要讲解到何种程度、教学内容与学生认知能力的契合程度等。优秀的教学设计不仅能帮助学生更好地理解知识，还能提高课堂的互动性和趣味性。

此外，教师还要掌握启发式教学、互动式学习等多种教学方法，调动学生的学习积极性。例如，启发式教学，教师适时地引导提问，让学生在思考和讨论中找到答案，不仅能培养学生的独立思考能力，还能提高学生对学习内容的记忆和理解能力。多样化的教学方法能更好地适应学生的不同需求，让课堂变得更加生动有趣，学生的学习效果也能得到提高。

2. 课堂调控与互动技能

教师具备良好的课堂调控能力，可以维持课堂秩序，使教学活动始终处于正轨之中。教师要具备灵活应对课堂情况的能力，尤其是当学生的学习状态或情绪出现波动时，要能迅速调整教学进度，激发学生的学习兴趣。例如，教师可以通过生动的例子和互动的方式，使课堂更具吸引力，从而激发学生积极参与的热情。

课堂互动技能也是教师教学技能的重要组成部分。有效的师生互动可以增强课堂的参与感和互动性，适当的讨论和交流可以帮助学生加深对课堂教学内容的理解。教师可以鼓励学生积极提出问题，选择问题组织学生展开讨论，让他们成为课堂的积极参与者。这样不仅能提高学生学习的主动性，还能让学生在互动中获得成就感，进而提高学习兴趣和学习效果。

3. 教学评价与反馈机制

教学评价是教师对学生学习情况进行反馈和指导的方式，它直接影响着学生的学习状态和学习方向。科学合理的评价体系能让学生清楚地了解自己的进步和不足，促使他们不断进步。教学评价不等同于教师对教学结果的评价，教师也应注重对教学过程的评价，可以通过观察学生上课情况、课后作业等，全面了解学生的学习状况。

在教学评价中，建立反馈机制尤为重要。教师可以通过及时、客观的反馈，帮助学生明确自己的优缺点，调整学习方法，提高学习效果。有效的反馈应具有针对性和建设性，例如，教师在批改作业时，不仅要指出错误，还要引导学生找到正确的方法，提出改进意见。这将有助于学生提高学习能力，并在不断反馈中形成积极的学习态度。

（三）提高教师素质和有针对性的途径

教师要提高个人素质，不仅要不断学习专业知识，还要不断反思和改进教学实践。教师可以从以下几个方面提高自身素质，更好地应对教学中的各种挑战。

1. 教师的终身学习意识

随着知识更新速度的加快，学习的定义更为宽泛，掌握知识不等于学习的全部，人的思维能力的开发成为现在这个时代背景下需要通过学习而达成的另一个目标。教师需要不断进行自我教育和提高，紧跟时代步伐，不断更新知识储备与技能水平，以适应学习环境和学生需求的变化。教师不断学习与实践，定期更新知识和技能，从原有的水平中不断提升，完成自我提升与自我超越，有助于在教学中保持创新思维，灵活应对不同的教学情境和学生需求。

2. 教学反思，收集实践经验

教学反思是教师在教学实践中发现问题、总结经验、优化教学策略的重要途径。教师应在每节课后主动进行反思，自己客观评价教学效果，总结教学实践中的成功之处和需要改进的地方。教师要不断调整教学方法，完善自己的教学设计，提高教学质量。另外，教师还应参与集体研讨，加深对教学内容的理解，优化教学设计，积极参与观课、评课等教研活动。教师可以超越时空限制，进行更广泛的课堂观察和教学反思。同时，教学反思有助于教师获得学生的反馈信息，从而更好地满足学生的学习需求，提高教学活动的有效性。

3. 校内外培训和资源共享

学校可以通过组织各类专业培训，如备课研讨、听课评课、专题研讨、专题报告等多种形式的活动，为教师提供丰富的学习机会，帮助教师提高教育教学能力。此外，教师还可以抓住参加校际交流或专业研讨活动的机会，与同行进行深入交流与合作，共享思想、资源和教学经验。教师之间交流和分享自己的教学经验和教学方法，相互借鉴成功的教学经验，可以丰富教学资源和教学方法。这不仅能开阔教师的视野，还能提高他们的教学技能，帮助教师在学科领域不断发展。

二、教学实践

教学实践作为教师将理论知识转化为具体学习成果的过程，可以直接影响教育质量。教学实践不仅是简单的知识传授，更是教学方法、课堂心理环境和学习环境的共生与构建，三者相辅相成，共同促进学生的学习和全面发展。

（一）差异化教学方法的运用

教师在课堂教学中采用差异化教学方法，不仅能提高学生的学习兴趣，还能有效提高课堂教学效果和学习质量。应用"讲解—训练—背诵"的传统教学模式，教学方法相对单一，容易忽视学生的主体性，导致学生学习的积极性不足，从而影响教学效果。为了适应现代教育培养学生核心素养的要求，教师需要根据学生的需求和学习情况灵活选择合适的教学方法。

对于知识点多、内容枯燥的课程，教师选择出合适的教学方法尤为重要。例如，采用项目式学习、讨论式教学等方式，让学生在实际行动和思考中逐步掌握知识，这些多元化的教学方法不仅能使课堂变得更加生动活泼，还能活跃学生的思维。同时，教师在课堂上要始终坚持学生的主体地位，教师要主动增加讨论、互动等方式，给学生更多主动实践的机会，让他们真正掌握所学的知识，做到"学用结合"。

此外，在教学方法创新的实践中，教师还要注重打破传统的"灌输式"教学，让课堂成为互动灵活的学习环境。这种方法不仅有助于提高学生的学习兴趣，还有助于培养学生在学习中独立思考、自主探索的能力，为学生今后的学习和发展打下良好的基础。

（二）营造良好的教学心理环境

教学心理环境是课堂教学的重要组成部分。良好的心理环境不仅有助于提高学生的学习积极性，还能促进师生关系的和谐，营造积极向上的学习氛围。教学心理环境主要包括师生关系和课堂互动氛围，这也对学生的学习态度和学习效果有着重要影响。

1. 优化师生关系

师生关系可以直接影响学生的学习态度和心理状态。和谐的师生关系能增强学生的安全感，使他们更愿意参与课堂活动，也更愿意表现自己。在教学实践中，教师要注意倾听学生的意见，了解他们在学习过程中的困难和需求，通过交流帮助他们克服学习障碍。例如，教师可以通过与学生的互动交流，及时发现并解决学生在学习中遇到的问题，增强学生的自信心。

2. 营造积极的课堂氛围

课堂气氛直接影响学生的参与度和学习兴趣。教师可以通过鼓励学生提问、组织小组讨论、引导课堂活动等方式，营造积极开放的课堂氛围。在这样的环境中，学生更容易表现出积极的学习态度，愿意主动参与课堂活动，从而提高学习成绩。良好的课堂气氛不仅有助于学生掌握知识，还能促进学生社交能力的提高，使他们在学习上得到更全面的发展。

此外，良好的课堂氛围还能有效减轻学生的学习压力，让他们以更加轻松的心态面对学习任务，从而让学生达成较好的学习效果。教师可以细心、耐心地引导学生，让学生在愉快的课堂氛围中逐渐提升学习的成就感。

（三）营造良好的课堂学习环境

随着信息技术的发展，课堂环境本身也蕴含着丰富的资源和学习潜力，在教学实践中变得越来越重要。多媒体教室和网络环境的引入，为课堂教学提供了更丰富的资源和更灵活的教学方式。良好的课堂环境不仅能提高学习效果，还能促进学生自主学习和研究能力的发展。

1. 利用多媒体技术提高教学效果

多媒体技术的引入丰富了教学手段，使教学内容的呈现更具互动性和趣味性。多媒体技术还能帮助学生更直观地理解抽象概念,动画或视频可以生动直观地展示动态过程,非常适合呈现语言情境或解释复杂的动态现象。在多媒体环境下,教师可以利用视频、音频、图像等形式生动形象地展示教学内容,增强对学生的感官刺激,从而更好地激发学生的学习兴趣。在具体教学应用中,教师可根据教学内容的难易程度、学生的敏感程度和课堂环境,灵活调整媒体工具的使用。

例如,教师可以利用多媒体演示小蝌蚪变青蛙的过程,通过展示相关内容的影像资料,帮助学生在一个更生动的情境中理解和掌握知识,增强课堂的互动性。多媒体环境下的教学还能培养学生的自主学习能力,教师可以在课堂上提供网络资源和学习平台,鼓励学生自主探索和学习,提高学生学习的自主性和灵活性。

2. 建构主义与现代学习环境的整合

学习不是教师向学生传授知识的过程,而是学生建构知识的过程。建构主义强调学生在学习过程中自主建构知识的能力,主张学生通过自主探究和与他人的互动来建构自己的知识体系。另外,教师要为学生提供一个安全和谐的学习环境,让学生敢于表达自己的想法和感受。

在多媒体网络环境下,教师要转变观念,创造条件,增强学生的主体意识,激发学生的学习动机,让学生自主选择学习方式、环境、时间、地点、内容和进度。教师不仅要掌握现代技术的使用,还要熟练运用技术,为学生提供更加个性化的学习支持。教师要相信学生的主动性和创造性,帮助他们从被动学习走向主动学习,从依赖学习走向自主学习,从知识学习走向技能培养,最终实现自主学习能力的提高。

教学实践的有效性直接关系着学生学习和技能发展的有效性。教师应不断更新和调整教学方法,避免固守传统的单一模式。教师要不断学习和吸收新的教学理念和方法,这样才能根据学生的需求和课程的特点,灵活选择和创新教学方法,从而提升课堂教学活动的质量。

第六章 义务教育教学中的思辨能力培养策略——以英语教学为例

第一节 义务教育阶段英语教学内容概述

一、语言知识教学

义务教育阶段，学校英语课程教学的主要目的是，在教师的引导下，让学生构建起基本的语言知识体系基础。学生在经过学习后，具备理解和运用英语的基本能力，这一阶段的学习主要为学生开展后续的学习与研究奠定基础。义务教育阶段的英语语言知识教学主要包括词汇和语法两大部分。词汇是语言的基本组成部分，词汇量的大小不仅直接关系学生的词汇掌握水平，还会影响学生的听力、阅读、写作等技能的水平。语法则是一个人表达和书写的基础准备，也是学生能否灵活运用这门语言的关键所在。因此，词汇和语法教学同属语言知识教学，同为英语教学的核心内容，二者相辅相成，是义务教育阶段英语教学内容中必不可少的内容。

（一）词汇教学

词汇教学主要涉及词义、词汇运用和词汇结构三个方面。

1. 词义教学

词义教学不能等同于教师只对英语词汇进行中英文释义的对照与解释。词义教学，关键在于教师在教授学生英语单词的基本含义的同时，教授学生该单词在不同语境中的多重含义。由于中英文分属不同的语言系统，一些单词的意义和用法存在很大差异。很多英语词汇在特定的语境中都有着独特的语义变化，如果仅凭汉语释义，学生往往无法准确理解和灵活运用。比如，"run"一词的常见译法为"跑"。但是，在描述机器时，"run"表示"运转"

或"运行",如"The washing machine is running."。因此,在词义教学中,教师不仅要给出单词的基本含义,还要引导学生理解单词在不同语境中的用法和多重含义。

教师在开展词义教学时,也不应该只是引导学生进行简单的记忆和背诵。教师可以结合例句或情境讲解单词的意思,学生借助上下文逐步推断单词的意义,并且理解单词的具体含义。这种教学方法不仅能帮助学生理解词汇的内涵,还能培养学生灵活运用语言的能力。通过引导学生分析同一词汇在不同语境中的语义差异,词义教学可以进一步提高学生的语言敏感性和语言理解能力。

2. 词汇运用教学

词汇教学的最终目的是提高学生的语言技能,即让学生最终可以在实际生活中正确运用词汇,掌握正确应用词汇的能力。因此,词汇运用教学建立在词汇意义教学的基础上,教师的教学应注重引导学生在实际交际中运用所学词汇,使他们的语言表达更加流畅、准确。例如,教师可以鼓励学生在句子中使用新学的词汇,或让他们通过口头练习和书面作业使用这些词汇表达自己的想法。词汇教学还包括词语搭配和句子操练等活动,让学生在不同的语境中练习新词汇,提高语言表达的准确性和灵活性。

3. 词汇结构教学

词汇结构教学指的是,在英语教学中,教师讲授单词的构成原理,如词根、前缀、后缀等构词知识。词汇结构教学有助于学生准确理解词汇的构成原理,从而提高学生的词汇学习效果。词汇结构教学不仅能帮助学生记忆和辨认单词,还能降低学生背单词的难度,学生在掌握构词知识后,可以形成系统的词汇学习方法,扩大词汇储备量。

例如,在词根词缀教学的基础上,教师可以有意引导学生分析结构相似的单词的词性结构关系。教师可以将相似的单词结组教学,有利于学生记忆,如"happy"和"unhappy"。了解词的结构,不仅可以让学生加深对词义的记忆,还可以让学生利用词根、前缀和后缀推测新词的含义。这种教学方式不仅能减轻学生的记忆负担,还能培养学生自主学习的能力,学生也能逐步形成联想、归纳的词汇学习习惯。

（二）语法教学

语法是英语语言结构的核心，语法教学可以帮助学生掌握语言的基本规则，学生语言表达的准确性也能逐步提升。英语语法教学可大致分为词法和句法两大部分，它们共同构成了学生理解和生成英语句子的基础。

1. 词法教学

单词是英语句子结构的基本构件，包括名词、动词、形容词、副词等。词法教学的主要内容包括词类的基本知识和构词法，教师借助课堂教学帮助学生理解单词在句子中的作用和意义。例如，教师可以专门讲解单词分类，让学生明确不同单词在句子中的作用和相互关系。

构词法的教学重点包括词语的转化、派生和合成，学生可以了解词语是如何构成的。例如，教师可以在课堂上分析从动词"teach"到名词"teacher"的转化，让学生更好地理解一个动词是如何转化为一个名词的，教师可以进一步拓展词性转化的条件与规律，让学生逐步理解更多的构词规律。构词法教学不仅能帮助学生提高扩充词汇量的效率，还能帮助他们更深入地理解英语语言的系统性和逻辑性。

2. 句法教学

句法教学的重点是分析句子的结构，理解句子的构成部分。句法教学包括句子成分、句子类型和标点符号的使用。教师分析例句，深入分析句子结构，讲解句子的基本构成，在学生已经掌握之后，教师再逐渐教授学生在表达复杂思想时注意句子的排列方式。

句法教学有助于学生理解句子中不同部分的作用以及它们之间的关系。句子的主要成分包括主语、谓语、补语、状语、宾语等。在教学中，教师可利用现实生活中的例子来解释每个成分的作用。例如，教师通过分析句子"The student（主语）learns（谓语）new knowledge（宾语）"，学生可以跟随教师一同理解基本句子结构，也可以在这个过程中逐渐学会如何分析句子结构，并为自己接下来表述完整的句子打下基础。句法教学包括教师教授学生掌握不同类型句子的使用规则。英语中的句子按功能分为陈述句、疑问句、祈使句和感叹句，按结构分为简单句、复合句和复杂句。掌握了不同类型的句子，学生在表达过程中就能灵活运用不同类型的句子，从而使语言表达更加丰富多样。

标点符号在英语中具有重要的语法功能，有助于清晰准确地表达语义。例如，逗号的使用有助于分隔句子的各个部分，使句子结构更加清晰。教师在标点符号教学中，可以在分析例句时展示标点符号在表达情感、语气和逻辑关系方面的作用，帮助学生理解标点符号在句法中的重要性。

在义务教育阶段，英语语言知识的教学包括词汇和语法的基础教学，并且这两个是最为重要的部分。词汇和句子相互依存，共同构成语言能力的核心。在教学过程中，教师应通过分层教学活动，帮助学生将词汇和语法知识内化为语言能力。

二、实践技能教学

在实践技能教学中，听说读写教学都是英语教学的基础部分，每项技能的教学都有其独特的目标和方法。教师必须按照技能的需要和学生的认知发展规律，设计教学方法和技能训练，最终有效提高学生在实际应用中的语言表达和理解能力。本部分旨在系统论述英语教学中各项实用技能的教学要点和教学策略，以期为学生语言技能的培养提供有效的指导。

（一）口语教学

英语口语教学的主要目的是提高学生的交际能力，使他们能够在各种场合流利、得体地表达自己的想法。在口语教学中尤为重要的是发音和语调训练。在沟通交际活动中，表达者的准确发音和语调不仅能提高口语表达的清晰度，还能减轻听者的理解负担，从而优化交际。因此，口语教学应包括音节训练、重音朗读、弱读、连读、意群、停顿等环节，全面提高学生发音的准确性和语调的自然性。

此外，口语教学不仅涉及语言技能，还涉及文化知识。得体的语言表达往往是深刻了解文化背景的结果，尤其是在跨文化交际中，得体与否会直接影响交际的流畅度。因此，在教授口语技能时，教师还应向学生介绍英语文化中的习俗、礼仪和表达方式，使他们认识到在不同的文化背景下恰当使用语言的重要性。

（二）听力教学

听力教学包括培养学生对语言的直接理解能力，使他们能够在口语交际中准确地提取信息。听力教学的基础是掌握语音知识，让学生通过学习词汇的发音、句子结构和语调，更有效地识别和理解听力材料中的信息。在听力教学中教授语音知识，不仅能规范学生的发音，还能让他们快速识别语句中的单词及其含义。

听力理解还包括语篇知识、策略知识和文化知识。语篇知识包括习惯用语、交际用语和话语分析，这些知识有助于学生更好地理解不同场景中对话的意图和文化习俗。策略知识能够使学生针对不同的听力任务选择适当的听力方法，如预测和推测以补充信息。而文化知识有助于学生了解语言的文化背景，从而减少听力错误和误解。

（三）阅读教学

阅读教学在英语教学中占有重要地位，其目的是培养学生的英语分析能力、思维能力和阅读能力。教学不仅要注重考试成绩，更要注重学生的实践能力。有效的阅读教学应重视对文章结构的分析，让学生掌握段落的主题句、扩展句和总结句，从而全面提高学生对文章结构的理解能力。

除了上述方法，阅读教学还可以着重培养学生的批判性思维和跨文化意识。通过分析和理解不同类型的文章，学生可以开阔视野、丰富思想。教师应通过有层次的阅读方法，引导学生不断提高分析能力和综合能力，为今后的语言运用打下基础。

（四）写作教学

英语写作是一种高级的语言表达技能，要求学生能够清晰、连贯地表达自己的思想。写作教学的基础是帮助学生掌握文章的整体结构，即引言段、支撑段和结尾段。段落的内部结构应强调主题句、扩展句和结论句的作用，使学生能以清晰的逻辑和完整的结构表达自己的观点。

教师还应特别注意英语句子的连贯性和完整性。在段落和句子之间合理使用过渡词和连接词，有助于保持文章的流畅性，使内容环环相扣。在教学中，教师可以通过专门的训练，如有针对性地训练过渡词的使用，帮助学生掌握在句与句之间进行有机衔接的方法，从而增强文章的连贯性。

在实用技能教学中，不同技能的教学不是孤立的，而是相辅相成、相互促进的。英语的听说读写教学在实际教学过程中应形成一个有机的整体，使学生在学习过程中不仅获得单项技能的提高，更重要的是实现综合语言能力的发展。因此，在教学设计中，教师应注重技能之间的联系与转化，实现语言应用能力的综合培养。这样的教学策略不仅能有效提高学生的语言技能，还能培养学生的跨文化理解和应用能力，使学生在经济全球化背景下更具竞争力。

三、英语认知文化教学

语言不仅是交流的工具，还是文化的载体，英语认知文化教学在英语教学中的地位不容忽视。中西方文化的差异对语言的构建和使用方式有着深远的影响。因此，文化教学对培养学生的语言能力至关重要，尤其是在义务教育阶段，文化教学有助于学生在语言学习中建立文化敏感性，提高语言理解和表达的准确性。本部分将从价值观、思维方式、非语言交际、语言交际等方面探讨英语教学中的文化教学内容和文化教学的重要性。

（一）价值观教学

中西方价值观的差异是造成语言文化差异的根源之一。中国传统文化注重天人合一，强调人与自然的和谐统一，创造了以整体性和全面性为特征的价值观。这种观念在中国哲学中表现为人与自然、精神与物质的辩证思维，影响着人们的言语表达和行为模式。例如，中国传统文化强调情感体验和感知，而非纯粹的逻辑推理。

而西方文化则强调"天人相分"，即世界由独立的实体组成，人与自然可以相互独立。这种观念使西方人倾向于将整体分解为独立的部分，并通过分析思维来认识世界。在这种价值观的影响下，西方人在表达观点时往往强调个人观点，重视独立性和客观分析。

在文化教学中，教师可通过经典文学作品或电影片段来展示中西方不同的价值观，帮助学生了解不同文化对个人、社会和自然的看法。例如，通过

《论语》或古典诗词作品帮助学生理解中国文化中的和谐理念，再通过《独立宣言》等西方的作品展示西方的价值观。通过比较价值观教学，学生可以更好地理解语言的文化意义，增强对不同文化的包容性和理解力。

（二）思维方式教学

中西方思维方式的差异是显著而深刻的。中国传统思维的特点是内敛，注重直觉、意向和整体思维，因此中国文化往往强调整体观念，主张从宏观角度把握事物的内在联系。中国传统思维注重从整体上看问题，往往淡化认识，重视感性和非理性因素。例如，在认识事物时，中国人更倾向于以感觉和经验为指导，避免过于精确的逻辑分析。

相比之下，西方思维方式的特点是逻辑分析，注重理性分析和逻辑推理。西方人习惯于把事物分解成独立的部分，逐一进行详细研究。这种思维方式强调定量分析和精确性，通常采用分类和比较的方法来详细描述和理解事物。例如，在分析事物时，西方人更倾向于用实验或数据来论证，而不是依靠主观感知。

在教学中，教师可以通过讲解中西方的思维差异帮助学生理解语言背后的文化差异。例如，教师通过辩论、作文或口头陈述等形式，提出不同类型的问题，让学生分别用中国人的整体观或西方人的分析方法来回答，帮助他们在文化差异中找到平衡点。同时，教师可以通过真实案例的对比，让学生更直观地了解到两种思维方式对语言表达的不同影响，从而培养学生的多元化思维。

（三）非语言交际教学

非语言交际在跨文化交际中起着重要作用。非语言交际是指通过面部表情、肢体动作、眼神交流等语言以外的方式传递信息。非语言交际不仅能丰富语言的表达方式，还能补充语言信息的内涵。在不同的文化中，非语言交际的表达方式和解读方式也大相径庭。

在中国文化中，非语言交际往往含蓄而富有内涵。例如，在正式场合，人们可以通过保持适度距离、使用礼貌手势或微笑表示尊重。而在西方文化中，目光接触通常被视为自信的象征，而身体接触则在某些情况下表示亲近和友好。不同文化对非语言符号的理解可能大相径庭，因此在跨文化交际中正确理解非语言交际尤为重要。

教师可以通过电影和角色扮演，让学生了解非语言交际的差异。例如，在模拟对话中，教师可以指导学生注意正确使用眼神、手势或站姿来表达尊重或亲密，帮助学生掌握不同文化场景下的非语言交际技巧。这种教学方式不仅能提高学生的文化敏感性，还能帮助他们理解和运用丰富的交际策略。

（四）语言交际中的文化差异

语言交际是跨文化交际的基础，而语言交际的方式与文化背景密切相关。不同的文化有其特定的交际习惯和礼仪，并往往会形成一种无形的交际规则。如果不了解这些文化规则，双方就很容易产生误解或冲突。

例如，在中国，有各种各样的礼貌用语被广泛应用于各种正式和非正式场合，人们习惯在姓氏前面加上一个称谓，如"张老师""李经理"等，以表示对对方的尊重。在西方文化中，称谓的使用较为有限，通常出现在与皇室、政府、宗教和法律有关的正式场合，如"伊丽莎白女王"或"史密斯博士"，以此表达对公众的尊重。在英语教学中，教师可以利用真实的生活场景来表达对社会角色和地位的尊重。

教师可以利用真实的交流场景，帮助学生体验语言交流中的文化差异。例如，教师可以模拟会议、集会等场合，指导学生如何在不同的场合使用恰当的称谓，加深学生对不同文化的交际方式的理解。此外，教师还可以通过教授社交礼仪、问候方式等语言交际内容，让学生了解不同文化背景下的语言使用习惯，避免交际中的误解。

（五）文化教学在语言教学中的重要性

文化教学在语言教学中的作用不仅仅局限于知识的传授方面，更是帮助学生理解和适应跨文化交际的重要手段。通过文化教学，学生可以加深对西方文化的理解，开阔文化视野，增强对不同文化的包容和适应能力。特别是在经济全球化日益发展的今天，跨文化交际已成为一项基本技能，文化教学的引入显得尤为重要。

文化教学在义务教育阶段的语言学习中发挥着不可或缺的作用。文化教学可以通过从价值观、思维方式、非语言和语言交际等方面深入讲解中西方文化，帮助学生了解不同文化之间的差异，提高他们在跨文化环境中的适应能力。在教学实践中，教师可以通过角色扮演、情景模拟等差异化教学方法，让学生更直观地体验和感知文化差异。

第二节　英语知识教学中的思辨能力发展策略

一、英语词汇教学与思辨能力培养

将英语词汇教学与思辨能力培养有机结合，能让学生在丰富词汇量的同时，提升思维品质。

（一）英语词汇教学意义

英语学习的开端，就是学习一定数量的英语单词，学生词汇量的大小和正确使用所学词汇的程度，是衡量其语言水平的重要标准。对于一门语言的学习来说，词汇的重要意义不言而喻。词汇可以说是语言体系之中的基础，人类通过语言相互传达自己的思想，完成思想的转换与传达。词汇教学可以被视为教学的起点，学生必须在已经掌握了一定词汇量的基础上再进行句子、语篇的学习。

学生掌握词汇的数量和词汇应用能力可以直接影响学生语言交际能力的发展程度。与语音、阅读和语法相比，词汇在背诵、意义和使用方面是最难掌握的。在英语教学过程中，学生最常见的困扰是英语单词难读、难记、难写，容易忘记，背单词需要时间，而且往往费力又低效。因此，加强英语词汇教学的研究，以及探索英语词汇教学的新方法，具有重要意义。

学生在实际学习单词的过程中，容易出现记不住单词，进而听不懂教师上课的教学内容的问题，这必然会直接挫伤学生学习英语的信心。久而久之，学生产生畏难心理，不愿意过多地投入时间与精力，这也在很大程度上影响了学生英语学习的效果。因此，在英语语言教学中，如何提高词汇的教学水平，是每一位英语教师都应该认真考虑的问题。

长期以来，在英语教学中的词汇教学部分，教师大多专注于教授学生单词发音、单词拼写、单词形态变化和单词词义等。比如，英语教师在课堂上关注纠正学生单词发音、强调词缀意义或介绍构词规则等，这些教学内容，仅是关注词汇教学的表层。多数英语教师会忽视词汇的拓展内容教学。

一部分英语教师在教授词汇时选择脱离语境，仅"就词论词"，在这样的教学方式下，教师很少提及词汇中隐含的文化内涵，所以词汇教学就会变得枯燥、无趣。词汇教学困难且无聊，会直接导致很多学生失去学习单词的兴趣，逐渐消磨掉学生对英语的兴趣。

（二）英语词汇教学的内容

义务教育阶段英语教学中词汇的教学，主要可以分为词汇意义、词汇用法、词汇结构三个方面。

1. 词汇意义

词汇意义是词汇教学的起点。要理解一个单词的意义，一方面要理解其本义和转义，另一方面要理解该词与其他词之间的意义关系，如同义、反义、上下义关系等。

（1）词汇的本义与转义。词汇的本义是词最基础的、通用的意义，也可以被称作"词典意义"或者"中心意义"，词汇的本义是一个词代指的事物，或者这个词形成时被赋予的意义。词汇的本义一旦形成，通常情况下会保持不变，以确保人类语言交流不受语义阻碍。词汇的本义是学习词汇的初始任务，相较于转义、反义等含义，词汇的本义是最容易掌握的。例如，tree 的意思是自然界中的树木，教师在教授这个单词的本义时，无须教授 tree 的比喻意义如"family tree"。同样地，教师在教授 river 的本义时，应注意向学生讲明它的本身的含义即地理中的河流，至于"a river of tears"中涉及的 river 的比喻意义，教师可以在学生已经有了一定的词汇基础后，或者是遇到具体语境时再开展相关教学。

词汇的转义教学要在词义的本义教学结束后，以及学生已经掌握了单词的本义之后再开展。转义指一个词的意义发生扩展、隐喻或语境变化，导致这个词在特定环境中不再指本义，而是产生了新的含义。词汇转义的学习离不开语境，学生需要结合上下文语境，而不是想当然地做出判断。例如，cry 作为一个动词时，"哭"是它的本义，但在"The baby cried for its mother."这个句子中，cry 不再表示"哭泣"，而是转义为"大声喊叫"。

文化背景的差异，会导致不同文化背景的人对于同一个词的情感内涵和使用偏好存在差异。某些词在一种语言中是正面的含义，但是在另一种语言中可能会隐含贬义。

（2）词汇的同义、反义。同义词是指意义相同或相近的词，这是指两个及两个以上的词语在词义之间存在相同或类似的关系，或者同义词的语音和拼写不同，但意义表达相同或相近。例如，buy 与 purchase 都表示"购买"，两词虽然语音和拼写不同，但是都有购买之意，因此 buy 与 purchase 为同义词。

英语词汇中有的词语之间，两个或多个词在意义上相对或对立，这一现象常见于形容词、动词和副词。例如，hot（热的）—cold（冷的）两词意思相对，互为反义词。

（3）词汇的上下义。英语词汇中，有的词语之间在意义上表现出"种属"或"从属"的语义关系。一个词的意义、特征、类型等均属于另一个更大范畴的词。如 table（桌子）、chair（椅子）、sofa（沙发）、bed（床）均属于 furniture（家具）。那么, table（桌子）、chair（椅子）、sofa（沙发）、bed（床）就属于 furniture（家具）的下义词，同理 furniture 也是这些词的上义词。

2. 词汇用法

词汇用法指的是语言的使用者需要在特定语境中正确运用词汇，包括单词的固定搭配、语义选择和语境适配等方面。

词语的使用需要遵循一定规则，否则可能导致语义不明、表达不准确或不符合语言习惯。在词汇教学中，教师需要讲明，正确选择词汇需结合语境，避免误用。例如，suggest 后应接从句（I suggest that he go to the doctor.），而不是不定式（suggest him to go）。

allow 和 permit 通常后接名词或动名词，而非直接跟不定式。

正确：They allow smoking in the garden.

错误：They allow to smoke in the garden.

搭配是语言训练的重要组成部分，在特定的上下文语境中，一个单词和一个或一些特定的单词组合在一起，构成固定搭配，举例如下。

动词 + 名词：make a decision（做决定）、give a speech（发表演讲）。

动词 + 副词 / 介词：take off（起飞）、look after（照顾）。

形容词 + 名词：strong tea（浓茶）、deep regret（深深的遗憾）。

教师开展教学时，一方面要关注语境对词语的影响，另一方面必须考虑词语之间的固定搭配用法。教师应将词语搭配纳入教学范畴，并向学生申明其重要性。

3. 词汇结构

单词的发音和拼写是词汇的基础，单词一开始就有声音的形式，所以词汇教学的第一步应该从发音开始。词汇发音教学不仅属于语音教学的范畴，还属于词汇教学的范畴。如果学生不能准确地理解单词的发音，他们就会错误地朗读。所以，教师应教授常见的发音规则，如音标元音长短音的差异（如 ship 和 sheep），以及辅音连读规则。学生如果发音错误，可能就会混淆词义，如 live（动词，居住）—leave（离开）。因此，教师应重视单词发音的教学。

此外，除了发音，教师还应注意声音与词汇形式的结合，引导学生将声音与词汇形式联系起来进行记忆，从而形成"见形知声，因声记形"的能力。

（三）词汇的文化差异

词汇是组成语句的基本单位，词汇背后也反映着使用这一特定语言的民族所特有的文化背景。因此，教师在英语教学中，必须始终不忘强调词汇背后的文化内涵。

1. 词汇形态特征对比

语言可以根据其词汇特征分为孤立语、黏着语、屈折语和多式综合语四种主要类型。在孤立语中每个词只含一个语素，在黏着语和屈折语中一个词通常由一个以上的语素构成，二者之间的差异在于语素之间的结合方式不同。综合语的特点是词汇丰富。语言的这种形态类型差别，与词汇系统总的形态构成特点有着密切的关系。

尽管汉语中也有一些属于综合语的形态成分，但总体而言，汉语比较接近孤立语。而英语的词汇形态与欧洲其他许多语言相比，也偏向于孤立型，但与汉语相比更倾向于综合型。英语中的派生词与复合词所占比例相差不多。所以，就单纯词、派生词和复合词在英汉两种语言中所占的比例来看，现代汉语中的复合词要比英语中的多，而英语中的派生词要比汉语中的多。

2. 构词特点对比

汉语的构词法主要有派生、合成、重叠三种，英语主要有派生、转化和合成三种。英语派生可用于名词、动词、形容词等类词，汉语派生只用于名词。转化法被认为是英语中的一种特别能产的构词法，而汉语是一种孤立语型语言，词的语法功能并不依赖词尾变化形式，因而汉语中的许多词是兼类的，谈不上转化不转化。重叠是汉语主要的构词法之一，英语则无重叠法。

3. 词汇语义的对比

汉语和英语单词的意思也有很大的不同。在语言学习中，理解这些语义场的异同，也有助于对词汇的掌握。单词之间根据语义可以形成聚合关系，人们可以根据词汇语义场的差异，比较某类词在两种语言中各自的语义场。以下从亲属场、称呼场和颜色场着手，分析英汉词汇在不同语义场的差异，着意表现出两种语言背后的文化价值观与社会结构的不同。

（1）亲属场。汉语中的亲属称谓极为复杂，仅从亲属称谓中就可以体现出传统儒家文化对家庭伦理的高度重视。具体有以下特点。父系与母系有明确区分，如"祖父"（父亲的父亲）与"外祖父"（母亲的父亲）。直系与旁系亲疏有别，如"伯伯"（父亲的哥哥）与"叔叔"（父亲的弟弟），进一步区分了年长与年幼。内外有别，在婚姻关系中，丈夫一方称"堂"，妻子一方称"表"。这些反映了传统社会中的男权观念。英语中的亲属称谓较为简单，通常只区分直系与旁系关系，并且强调稳定的伴侣关系是婚姻关系的核心称谓。grandfather 与 grandmother 可以同时用于父系和母系的祖辈，uncle 与 aunt 统称父母的兄弟姐妹及其配偶。

（2）称呼场。中国注重礼仪，是一个礼仪之邦，人们强调尊重他人。对长辈很少直呼名字，通常以尊称称呼，如"父亲""母亲""叔叔""伯母"。在工作场合，对领导或上司常用职位称呼以显示尊重，如"高主任"。然而，英国人和美国人对亲戚往往是直呼其名，毫不避讳。即便是儿子称呼父亲或者是母亲，也会直接称呼其名字。

（3）颜色场。不只是中国，对全世界的人们来说，颜色都是表达某种寓意的好方式，颜色语义场的差异是中西文化对符号意义解读的鲜明体现。

颜色是一个非常有意义的范畴，许多人一提到中外文化差异，就会率先想到颜色含义的差别。例如，英文中的white（白色）象征纯洁、和平，中文的白色则往往与哀悼、丧礼相关联；英文中的red（红色）代表热情、危险（red alert）或浪漫（red roses），中文中的红色则象征吉祥、喜庆，常常用于婚礼、春节等重大节日。这些颜色背后含义的差别，可以表现出中西方之间巨大的文化差异。

（四）英语词汇教学中思辨能力的培养

英语词汇教学的原则和教学中思辨能力的培养策略具体如下。

1.词汇教学的原则

学生必须在已经掌握了一定词汇量的基础上才可以进行句子、语篇的学习，因此，如果一名学生没有一定的词汇量基础，那么这名学生一定会在学习英语的过程中感觉困难重重。词汇可以说是基础的存在，语言体系必须包含词汇，才能真正地将其本来含义进行传达并被理解。人类通过语言，相互传达自己的思想，完成思想的转换与传达。

人际交往过程中的每一句话都是由词汇构成的，因此足够数量的词汇储备，是确保个体顺利表达自己的思想观点的前提。词汇教学必须遵守一定的教学原则，才能确保词汇教学是按照正确的方向发展的。词汇教学依照以下几项原则，可以更好地达到教学效果。

（1）直观性原则。词汇教学的难度较大，学生往往会产生难以完成的感觉。特别是处于义务教育阶段的学生，对于第二语言的学习常常会有畏难情绪，对于抽象的单词也难以理解。教师可以一种更为直观的方式如准备教学道具，直观地呈现教学内容，提升学生的学习积极性，学生的注意力也会相对集中。或者教师为学生创设出一定的教学情境，在这样直观、较为真实的教学情境中，学生可以感受到词汇教学的意义，从而主动学习，最终达成较好的词汇教学效果。

（2）音、形、义相结合原则。在传统的词汇教学活动中，教师往往会仅强调词汇的朗读准确性或者词汇的拼写准确性，但是词汇的语音特性往往是不可以被忽略的。词汇教学过程中除了词汇的发音，词汇的语音特征如连读、拼读、节奏、重音等内容也需要一一重视。对于英语词汇来说，音、形、义三个部分并不是相互割裂的关系，相反的，这三个部分是紧密相连、相互影响的。教师为了更好地开展词汇教学，可以将词汇的音、形、义紧密结合，便于学生记忆，达到较好的教学效果。

（3）趣味性原则。学生的注意力是否集中会影响他们的学习效果，对于接受义务教育阶段教学的学生来说，教学内容是否具有趣味性，也会在很大程度上影响学生的学习效果。英语教师要尽可能地调动学生学习的积极性，激发他们的学习兴趣。比如，教师可以通过互联网、多媒体等方式，为学生准备有趣的教学材料，为原本枯燥的教学内容增添趣味性。学生具备学习兴趣时，就可以集中注意力，其自我驱动力也较强。这样，学生也会更加积极地探索词汇的意义，提升自己的词汇能力。

（4）逐步深入原则。词汇教学并不是可以一朝一夕完成的教学任务，教师应该极有耐心，将教学材料与学生当前认知发展的规律相结合，按照学生记忆的客观规律，依照逐步深入的原则，一步步完成教学活动。针对首次出现的教学词汇，教师不应该超出教材内容进行相关内容的扩展。相反地，教师应按照逐步深入原则，随着教学的深入，不断丰富教学材料内容。教师将词汇教学的难度与范围逐步扩大，学生对于这个词的意义理解也可以进入更深的层次。

词汇教学中，必然会涉及较为简单的词汇，也会涉及较为困难的词汇。教师在开展教学活动的时候，就应该按照从简单到较为困难的顺序，逐步完成教学活动。

（5）多次性原则。词汇教学是一项具有难度的教学活动。按照人的认知发展规律可以得知，人在完成材料的记忆之后，随着时间的推移，会逐渐遗忘，这是一种正常的生理反应。比如，学生在完成词汇的学习之后，如果不加复习，学习的内容将会按照一种先快后慢的顺序逐步忘记。根据"艾宾浩斯遗忘曲线"可以得知，人在学习之后的第一天是遗忘的速度最快的，如果在这个阶段，学生不进行及时的复习，原本的知识可能只剩下25%左右。因此，教师需要及时提醒并且监督学生及时复习所学词汇。教师可以采取听写训练等方式，监督学生背诵以及复习单词，甚至可以开展多样的词汇训练，随着单词复现率的上升，学生的理解程度也会随之提高，学生最终可以背诵，甚至灵活运用所学词汇。

2. 英语词汇教学中思辨能力的培养策略

英语词汇的词义具有多义性和环境依赖性的特征，这为学生思辨能力的发展提供了良好条件。在教学实践中，教师应采用多样化的教学方法，为学生提供与词汇接触的机会，学生不仅要掌握语言知识，还可以在词汇的记忆、理解、应用、辨析等方面，主动参与完成教学要求。学生在与词汇进行多次接触的过程中，不仅可以在多种情境中准确应用词汇，还可以提升思维深度和灵活性。

（1）联想教学法。联想教学法是一种比较常见的词汇教学方法。具体来说，教师在词汇教学时，将教授的词汇与其他事物之间建立有效的联系，引导学生联想这种关联，从而让学生完成词汇的学习与累积。联想教学法启发了学生联想思考的能力，学生可以在多维度的语义关联中主动探索其中的有效联系，认知能力与思辨能力也将得到有效提升。比如，学生在学习"earth（地球）"一词的时候，教师可以展示不同行星的图片，帮助学生直观理解"earth"一词。教师可以引导学生以 earth 作为核心词语，进行语义扩展或关联性记忆。earth 可以联想到相关的词汇，如 Saturn（土星）、Mercury（水星）、Jupiter（木星）、Uranus（天王星）、Neptune（海王星）、Mars（火星）、Venus（金星）等。

（2）构词法教学法。构词法教学法是一种有效的教学法，这种教学法可以帮助学生理解单词的基本含义和变化规律。英语词汇的数量虽然较为庞大，但是词汇背后存在一定的逻辑。很多英语单词是从派生法中产生的，也就是说，单词的词根与词缀构成是很重要的一部分。学生学会从词根出发，理解语言的内部规则，结合上下文推测新词的含义，可以提高自己的语言应用能力。

词根往往指这个单词的含义基础，凭借词根人们可以理解单词的基本含义。词缀则会改变词的词性，或者是给单词增添某种含义。词语前缀的主要作用是改变词的含义，但它不改变词性。英语中常见的词语前缀，如表6-1所示。

表6-1 常见的词语前缀

前缀	含义	例词
un-	不，非，无	unhappy（不开心的）、unlucky（不幸运的）、unimportant（不重要的）、unfair（不公平的）、unwise（不明智的）、unseen（未被看到的）
dis-	不，无，分开，消失	disrespect（不尊重）、disorder（混乱）、disapprove（不赞成）、disconnect（断开）、dismiss（解散）、distrust（不信任）
mis-	错，坏，不，无	misplace（放错地方）、miscalculate（计算错误）、misfire（哑火/失败）、misjudge（判断错误）、misread（误读）
im-	不	imperfect（不完美的）、impersonal（冷漠的）、immature（不成熟的）、improper（不合适的）、immovable（不可移动的）
in-	否定	incapable（无能的）、insecure（不安全的）、infinite（无限的）、insignificant（微不足道的）、inaccurate（不准确的）
non-	否定	nonexistent（不存在的）、nonverbal（非语言的）、nonsmoking（禁烟的）、nonstop（不停的）、nontoxic（无毒的）
il-	否定	illiterate（文盲的）、illegible（难以辨认的）、illogical（不合逻辑的）、illegal（非法的）、illicit（不正当的）
anti-	反，对抗	anti-inflammatory（抗炎的）、antibiotic（抗生素）、antifreeze（防冻剂）、antiviral（抗病毒的）、antibody（抗体）
tele-	远距离的	teleconference（电话会议）、telepathic（心灵感应的）、telecommute（远程办公）、telemarketing（电话营销）
inter-	互相，在……之间	interpersonal（人际的）、interchange（交换）、interconnect（互联）、intermediate（中间的）、intersect（交叉）
sub-	在……下面	submerge（淹没）、subsection（分节）、substandard（低标准的）、submarine（潜艇）、subway（地铁）
over-	过渡，上面	overestimate（高估）、overwork（过度劳累）、overeat（吃得过多）、overbook（预订过多）、overpower（压倒）

续　表

前缀	含义	例词
post-	后	postgraduate（研究生）、postseason（赛季后）、postscript（附言）、postproduction（后期制作）、postmodern（后现代的）
semi-、hemi-	半	semiautomatic（半自动的）、hemisphere（半球）、semiformal（半正式的）、semipermeable（半透的）、semiannual（半年一次的）
multi-	多	multitask（多任务）、multipurpose（多用途的）、multilingual（多语言的）、multistory（多层的）、multifunctional（多功能的）
en-	加强意义	enable（使能够）、endanger（使危险）、enlighten（启发）、engage（参与）、endorse（支持）
auto-	自动，自身	autograph（亲笔签名）、autopilot（自动驾驶）、autonomous（自治的）、automation（自动化）、autopsy（尸检）
bi-	双，两个	binary（二进制的）、bilateral（双边的）、bilingual（双语的）、biannual（一年两次的）、bipolar（双极的）
up-	向上	upgrade（升级）、uplift（提升）、upend（颠覆）、uproot（连根拔起）、uphold（支持）
mid-	中	midlife（中年）、midpoint（中点）、midrange（中等范围的）、midseason（赛季中期的）、midway（中途的）
micro-	微小	microchip（芯片）、microscope（显微镜）、microorganism（微生物）、microsecond（微秒）、microbe（微生物）
tri-	三	trilogy（三部曲）、trinity（三位一体）、trilingual（会三种语言的）、trilateral（三边的）、tricycle（三轮车）
dec-、de-	十	decimal（十进制的）、decalogue（十诫）、decade（十年）、decimeter（分米）、December（十二月）
by-	副的，旁边	bystander（旁观者）、bypass（绕行）、bylaw（附则）、byline（署名行）、byproduct（副产品）

　　后缀的作用主要是改变词性，但不影响词的含义。英语词汇的后缀根据其在构成新词时的词性可以分为四类：名词后缀、形容词后缀、动词后缀、副词后缀，如表6-2所示。

第六章 义务教育教学中的思辨能力培养策略——以英语教学为例

表 6-2 常见的词语后缀

词性分类	后缀	含义	例词
名词后缀	-or、-er、-ess、-crat、-cis	做某件事情或职业的人或物	teacher（教师）、singer（歌手）、actress（女演员）、aristocrat（贵族）
	-acy	性质，状态，境遇	bureaucracy（官僚主义）、accuracy（准确性）、legacy（遗产）
	-ance、-ence	性质，状态，行为，过程	performance（表现）、existence（存在）、attendance（出席）、influence（影响）
	-ancy、-ency	性质，状态，行为，过程	transparency（透明性）、dependency（依赖性）、constancy（恒定）
	-bility	动作，性质，状态	liability（责任）、mobility（流动性）、probability（可能性）
	-dom	等级，领域，状态	boredom（无聊）、stardom（明星地位）、earldom（伯爵领地）
	-hood	资格，身份，年纪，状态	neighborhood（邻里）、priesthood（牧师身份）、parenthood（为人父母的身份）
	-ion、-sion、-tion、-ation、-ition	行为的过程，结果，状况	information（信息）、revision（修改）、completion（完成）、addition（增加）
	-ism	制度，主义，学说，信仰，行为	feminism（女权主义）、altruism（利他主义）、realism（现实主义）、romanticism（浪漫主义）
	-ity	性质，状态，程度	fragility（脆弱）、creativity（创造力）、simplicity（简单性）、diversity（多样性）
形容词后缀	-able、-ible	属性，倾向，相关	reliable（可靠的）、edible（可食用的）、adorable（可爱的）、accessible（可接近的）
	-al	有……的，似……的，适于……的	cultural（文化的）、practical（实用的）、industrial（工业的）、natural（自然的）
形容词后缀	-ful	充满着的	hopeful（充满希望的）、painful（痛苦的）、joyful（快乐的）、grateful（感激的）

续 表

词性分类	后缀	含义	例词
形容词后缀	-ive	有……倾向	creative（有创造力的）、attractive（有吸引力的）、destructive（破坏性的）
	-less	无……	fearless（无畏的）、meaningless（无意义的）、homeless（无家可归的）、endless（无尽的）
动词后缀	-ize、-ise	做成，变成，……化	realize（实现）、globalize（全球化）、prioritize（优先化）、memorize（记住）
	-en	使成为，引起，使有……	lengthen（延长）、strengthen（加强）、broaden（拓宽）、deepen（加深）
	-fy	使……化	classify（分类）、modify（修改）、notify（通知）、rectify（纠正）
	-ish	使，令	polish（抛光）、embellish（装饰）、flourish（繁荣）、vanish（消失）
	-ate	成为……，处理，作用	terminate（终止）、educate（教育）、activate（激活）、dedicate（奉献）
副词后缀	-ly	程度、次序、某一时间	quickly（快速地）、seriously（认真地）、frequently（频繁地）、occasionally（偶尔地）
	-fold	倍数	twofold（两倍）、threefold（三倍）、manifold（多种的）
	-ward(s)	方向	backward（向后的）、eastward（向东的）、outward（向外的）、toward（朝向的）
	-wise	方式、方向、方面	clockwise（顺时针方向）、otherwise（否则）、weatherwise（天气方面）、lengthwise（纵向的）

（3）网络多媒体教学法。在当今多媒体技术飞速发展的背景下，教师应根据实际教学情况和原则，选择最合适的媒体资源，关注技术变革给教学带来的创新。词汇教学本身具有一定的难度，为了避免学生出现死记硬背的情况，教师在组织教学的时候可以利用多种教学工具和资源，为学生创造具有挑战性和互动性的学习环境。不同的教学媒体在色彩表现、动态显示、立体感、声音传递和反馈机制等方面各有特点。教师应充分考虑到这些教学

媒体的特点、教学情境和学习任务的不同，让词汇相关信息以一种生动形象的方式呈现，帮助学生理解，并使其最终成功进入学生的大脑，让学生形成印象。

活学活用对学生来说不是一句简单的口号，教师开展词汇教学更是要以这句话作为词汇教学的最终目标。教师在引导学生掌握词汇的基本含义的同时，也要灵活应用调节和可控制的媒体工具，并以适合教学过程的节奏传递课堂信息，帮助学生在教学实践活动中逐步提升思辨能力。教师可以通过以下两个途径开展教学。

第一，多渠道加强词汇知识的输入。

教师为学生提供扩充词汇量的渠道不应该被限制在课堂之上，或者教科书内。在大班教学中，教师要选择能快速传递大量信息的媒体，这对于教师的词汇教学工作至关重要。典型的媒体工具包括音响系统、投影仪、幻灯片和视频播放设备。这些媒体可以清晰地呈现单词，帮助学生更好地听到、看到和理解所要学习的单词，提高课堂的整体效果。

教师需要为学生营造出更加丰富多彩的教学环境，按照"语义场"理论，让学生通过扩大语义网，实现词汇量的扩充。教师可以为学生提供多媒体课件、APP报刊、电子图书、社交媒体等多种教学资源，这些资源中涉及大量英语单词，学生可以从中有效提升自己的词汇量。

在互联网上，有许多英语资源会相应配备一定的音频资料，学生也可以根据自己的需要选择其中一部分，练习自己的语音，或者对自己的词汇知识进行补充。在线词典可以让学生在学习过程中遇到不认识的生词时，及时查找含义，答疑解困。网络搜索引擎是帮助学生有效输入词汇知识、学习词汇的途径之一，可以帮助学生逐步解决英语学习过程中遇到的语言障碍与文化障碍。

教师在学生利用网络进行词汇学习时，需要及时关注学生对词汇知识的掌握程度，关注教学内容是否能够帮助学生将已经学习的词汇与现实中出现的事物紧密相连。教师也要通过多途径的考查方式，了解学生是不是准确地掌握了单词的上下文关系、情感体悟等。

例如，教师在教授学生掌握一些单词的同义词的时候，可以将相关词语的相同用法或者是不同用法直接用公式或者图表的形式展现给学生，如表6-3所示。

表 6-3　同义词对比

对比点	begin	start
基本意义	开始，强调动作的起点	开始，强调具体动作的启动
适用场合	正式场合，书面语，常用于抽象或持续性动作	非正式场合，口语，常用于具体或机械性的动作
语法搭配	搭配抽象名词：begin a discussion（开始讨论）	搭配具体名词：start a car（启动汽车）
例句	The meeting will begin at 10 AM.（会议将于上午10点开始。）	He pressed the button to start the machine.（他按下按钮启动了机器。）

如果用公式区分 begin 与 start 的用法，也可以非常直观地表现出二者的区别，并且便于学生应用。例如：begin= 正式语境，抽象动作；start= 非正式语境，具体动作。

第二，关注学生自主学习能力的培养。

从报纸杂志、应用程序到电子图书，再到英语学习的社交媒体资源，英语知识正在以更加丰富多样的形式呈现在教师和学生面前，教师和学生都可以利用这些平台进行课后自学和拓展。教师可以将词汇相关知识、词汇学习技巧、单词练习测评等相关内容分门别类地上传到共享空间。学生可以根据自己现有的学习水平和学习进度，浏览并学习相关知识。

学生学习的过程是按照阶段一一进行的，学生完成了现有的学习阶段之后，才能进入新的学习阶段。学生在学习的每一个阶段都需要自我监控。丰富的互联网资源可以为学生扩大学习的机会，激发学生学习的兴趣，调动学生的学习积极性。

（4）语义教学法。词汇的意义并非独立存在的，词汇之间也有着同义、反义、因果、顺承等多种关系，这些语义关系不仅是语言使用的基本逻辑，还为词汇教学提供了多维度的切入点。因此，教师在进行词汇教学的时候，可以将语义教学法作为教学法之一，向学生讲解如何利用多样化的语义关系，加深学生对词汇的记忆。学生可以在此过程中深化对词汇的理解，并且提升思辨能力。

（5）情境教学法。词汇教学的最终目的是服务于实际生活，在情境教学中，教师需要根据教学需要，结合具体的情境，采用情境教学法进行教学。教师可以利用视频、动画或音频资料模拟真实的语言环境，让学生在身临其境的情境中进行词汇练习，这样不仅能缓解学生学习生词的紧张感，还能在仿真的环境中提高学生的实际应用能力。在情境学习的过程中，学生可以自然融入情境之中，以一种更积极的姿态参与活动，从而提高学习效果。学生的主观能动性被充分调动，学生在这种思辨的环境中加强了对词汇的理解。这种教学法还能避免遗忘的发生，最终提升词汇学习的效率。

二、英语语法教学与思辨能力培养

在英语教学领域，英语语法教学与思辨能力培养相辅相成，共同助力着学生英语综合素养的提升。

（一）英语语法教学的含义

语法是一门语言的核心框架，是语言体系中不可或缺的组成部分，语法支撑着语言的表达与应用。人们想要有序、准确地传递思想和信息，就必须遵循语法的规范。

英语语法本质上是一套规律性的规则，无论是词语构成还是句子合成都有必须遵循的规律。人们使用语言进行交际时，应用语法将词语组成句子，使语言具有明确意义，对话双方可通过表述语句，明确彼此所说的话的含义。语法能对语言起到组织作用，帮助使用者更准确、恰当地理解语言、使用语言。英语语法包括描述性知识和程序性知识。描述性知识由各种语法规则组成，如词法、句法和章法，包括词类、从句、时态、语态、情态等；程序性知识是指如何运用语法完成交际任务的知识。描述性知识可以通过学习获得；程序性知识表现为一种能力，必须通过训练和运用才能掌握。

英语课程的目标之一是培养学生的语言技能。英语语言技能包括听、说、读、写、译五个方面。在这五种技能中，语法知识没有被直接呈现在其中，但无不渗透于其中，英语语言技能的培养离不开语法知识，缺乏语法知识就无法正确地使用语言。因此，英语课教学语法是必要的，特别是符合中国学生认知规律的循序渐进的语法教学，能够有效地帮助学生正确地理解和掌握英语行文的规则。

语法教学是为了让学生在生活情景甚至是未来工作情景中，可以将英语作为一种恰当的工具。也就是说，学生学习语法不是为学语法而学的，而是将语法作为语言学习的工具。因此，教授语法规则不是最终目的，教师需要培养学生掌握语言实践能力，并且最终目的是让学生将语言的形式与其意义、交际功能有机地结合起来，通过在具体语境中体验和运用来内化语言规则，从而达到准确运用语言进行有效得体的交际的目的。因而，语法教学的核心在于通过语法教学培养学生的语言实践能力，使其能够将语言形式、意义与交际功能有机结合，最终实现得体、流利的交流。

（二）英语语法教学的意义

1. 语法是生成句子的基础

造句不是将已经会的单词简单地叠加在一起即可，而是需要借助语法规则组织语言元素，生成通顺、准确的句子。语法在语言学习中起到语言模式和规则的作用，句子的构成需要语法作为规则框架。

学生必须不断记住各种语言要素，如词汇、短语、句子等，再利用已知的语言要素，凭借自己的创造力组合出新的句子。一个人能够记住的单个语言要素的数量非常有限，语法学习是一种机制，为学生提供了使用已知的词汇和凭借自己的创造力来组成无数句子的机会。例如，学生在掌握了从句结构后，可以通过替换和组合语言材料，生成多种复杂句式。语法可以帮助学生突破语言学习中孤立记忆单词的局限性，提升了学生系统化运用语言的能力，从而为语言学习者创造更多表达的机会。

2. 语法知识具有纠错功能

由于学生语言能力的限制，他们在表达句子时往往会有错误的表达。这时，他们应该利用语法知识对其进行纠正，使句子更加准确，表意更加清晰。当学生在课堂上学习和使用语言时，往往会因表达能力不足而出现语法错误，如句式混乱、时态不当等问题。例如，学生在学习现在完成时的时候，能够意识到"has went"是一种错误的表达方式，可以根据语法规则的运用将其修正为"has gone"。这种纠错功能不仅能帮助学生在课堂内实现语言表达的准确性，还能让其在真实交流中形成良好的语言习惯。

3. 语法可以解决语言学习中的"平台"现象

语言学习中的"平台"现象是指学生的语言水平在达到一定阶段后难以继续提升的问题。这种现象通常是由于学生缺乏系统的语法学习。对于大部分学生来说，在英语学习的初始阶段，学生会更多地进行一些碎片化的元素积累，如学习一些单词、词组、口语化的表达。这时候，学生因为尚未接受系统的语法教学，在口头表达中常常会出现一些习惯性错误，这些错误一旦固化，纠正起来难度极大。此外，学习者如果长期未接受系统化的语法教学，其语言能力可能会停滞不前，难以突破当前水平。

当学生处于平台阶段时，教师可以在英语教学中增加语法教学的内容来改变这种现象，一方面语法教学可以有效地规范学生表达的准确性，另一方面语法教学可以帮助学生突破英语学习中的"瓶颈"，从而进入更高阶的语言表达阶段。

4. 语法教育促进学生的长期语言学习

语法教育可以促进学生的长期语言学习，这一结论由英语语言专家理查德·施密特（Richard Schmidt）提出。施密特在学习西班牙语时发现，语法知识不仅能帮助他理解和记忆语言规则，还能使他在与当地人交流时更自然地应用语法，进而实现语言能力的全面提升。因此，施密特在与当地人不断交流的过程中，注意对各种语法元素的应用，因此对语法知识的记忆非常牢固并能够灵活应用语法。最后，施密特得出结论，学习西班牙语时学习语法可以对掌握这门语言产生很大的影响。

英语语法学习同样对语言技能的长期发展具有重要意义。在实际教学中，系统的语法教育可以帮助学生内化语法规则，将其转化为潜在的语言能力。例如，在掌握时态的语法规则后，学生可以更加灵活地表达时间概念，而不局限于单一的时态选择。这种长期积累的语法知识，不仅为学生提供了语言表达的工具，还增强了其语言学习的持续动力。

（三）语法的文化差异

英语语法的主要内容可分为词法和句法。词法主要包括构词法和词类。

构词法讨论词的转化、派生、合成，以及不同的词组等内容。词类分为静态词和动态词。静态词包括名词、形容词、数词、代词、副词、冠词、连词、介词、感叹词等。需要指出的是，静态词并非绝对不变的。例如，名词也有数、格、性的变化，形容词有比较级和最高级的变化。动态词包括动词及时态、语态、助动词、情态动词、不定式、动名词、分词、虚拟语气。

句法主要包括句子成分、句子分类和标点符号三大部分。句子成分主要包括主语、谓语、宾语、定语、状语、表语、同位语、独立成分等。根据不同的标准可对句子进行多种划分：按结构可将句子分为简单句、复合句和并列句；按目的可将句子分为陈述句、疑问句、祈使句、感叹句。另外，标点符号也是句法学习必不可少的内容之一。

对比英语及汉语语法教学的文化差异，也可以从词类和句法两个方面进行探索。

1. 英语与汉语词类的对比分析

词类是语言构成的基础，英语和汉语有许多相似之处，如名词、代词、动词、形容词、副词、介词等。这些差异不仅体现在词类的构成上，还包括词形变化和具体用法。例如，英语中常见的冠词，在汉语中是没有的，英语单词的词形会发生改变，但汉语无词形变化。

另外，词语在应用方面的差异，可以体现在以下四个方面。

（1）动词。关于词语的应用，英语和汉语在动词的使用上差异巨大。汉语动词灵活多变，可以独立、连续或重复使用。例如，汉语中"走一走""看看""吃吃看"等重复使用动词的表达方式是很常见的。而英语往往不重复使用动词。英语动词会根据时态、语态的限制，在词形上发生相应的变化。汉语则不会发生这方面的改变。

（2）名词。名词是用于表示人、事、物、地点等的词汇，尽管英汉语言中都存在名词，但在词形变化和数量表达上存在明显差异。名词就是表示事物名称的词。英汉两种语言中都有名词，这一点是相同的。但是，英语名词词形会因单数、复数之分而发生变化。汉语名词除以"……们"为标志的复数外，几乎所有名词单、复数的形式都是相同的。

（3）冠词。冠词是英语词类的一个重要组成部分，用于名词前限定或修饰名词，但汉语中没有与之对应的词类。英语的冠词通常分为定冠词和不定冠词两种，分别用 the、a 或 an 表示。定冠词表示特指某事或某人，不定冠词表示泛指。但是，定冠词有时也可用来表示泛指。有时用定冠词，有时用不定冠词，有时不用冠词。什么时候用，什么时候不用，要根据上下文而定。

（4）虚词。汉语虚词在句子中常起到强调、连接或补充信息的作用，而英语虚词更注重语法结构的衔接。例如，汉语中"我去过了"中的"了"表示完成，而英语则通过动词的时态变化表达相同的意义，如"I have been there."。虚词主要起辅助、联结或移情的作用。英汉这两种语言都有各自的虚词。但较之英语，汉语的虚词要多得多，如汉语有"的""吗""了""呀""而"等，英语则没有与之对应的虚词。

2. 英语与汉语句法的对比分析

英汉句法在结构、语态和语序等方面既有相似之处，也存在显著差异。

（1）句子结构差异与翻译差异。汉语和英语的句型和句式差异较大，但也有相同之处，如英汉语言都具备主谓结构，但汉语和英语主谓结构的具体表现不尽相同，存在一定的差异，相较于英语，汉语的主谓结构较为多样。在英汉两种语言中，无主句，即没有主语的句子都是较为常见的。相比之下，汉语中的无主句远多于英语中的无主句。

第一，在形式上，汉语主语类型多样，并且只要符合语法规范且不影响句子理解，就既可以出现也可以不出现。

第二，在语义上，汉语主语既能表示施事者，又能表示受事者；既能表示时间，又能表示地点；既可以是名词，也可以是动词或者形容词。

通常情况下，英语的句子结构比较完整，若存在英汉句子互译时，可以再把汉语的无主句加上主语译成英语，或者用被动结构来翻译。例如：

实例 1：The more a man learns, the more he sees his ignorance.（添加主语）
学而后知不足。

实例 2：Smoking is not allowed in the theatre.（采用被动语态）
剧场内不准吸烟。

（2）被动与主动的差异与翻译的差异。在英语中被动语态是一种经常被运用的语态,一旦该动作没有明确的执行者,或者不想、无须指出动作的执行者时,句子可以采用被动语态,突出动作的被执行者。

汉语倾向于用主动结构表达相同的含义,译者汉语中往往强调的是动作的执行者,用于表述句意。因此,在英汉互译时,译者常将英语的被动结构改为汉语的主动结构,以便符合汉语的思维表达习惯。例如:

A new railway is being built.(被动结构)

一条新铁路正在修建。(主动表达)

(3)语序方面的差异与翻译差异。尽管英汉语序都表现为线性排列,但由于语言思维和文化差异,英汉语序在具体应用中也存在显著不同。主要表现在以下几个方面。

第一,英语修饰语的位置比较灵活,出现在被修饰成分之前或被修饰成分之后都是被允许的,一旦句子的修饰语是短语或分句,就需要将短语或分句放在被修饰成分之后。而汉语中涉及修饰语时,无论是词、词组还是分句都必须放在被修饰成分之前。因此,英汉语言互译时,汉英句子的换序译法又可称为顺序调整法,这种方法主要是通过变动原句中某一组成部分的位置来达到使目的语译文逻辑清晰、表述合理、语句通顺的目的。在汉语思维中,人们经常强调表达的先后顺序,因此汉语表现为意合的语义型语言,句子的含义要通过句子组成部分排列的先后顺序体现出来。而在英语文化中人们通常用理性思维思考与描述问题,因此英语表现为形合的分析型语言,其句子的含义要通过逻辑关系体现出来,例如:

The man whom we met in the street yesterday is an English teacher.

我们昨天在街上碰见的那个男子是英语教师。(调整修饰语位置)

第二,英语句子对信息的重要性与次要性分得很清楚,要求把主要的、重点的信息放在突出位置,把次要信息作为辅助性的表达或叙述手段。因此,倒装在英语中是一种常见的语序,目的是取得句子形式上的平衡,避免头重脚轻的现象发生,或是为了强调。而汉语里则几乎没有倒装的情况。翻译时,必须对这些位置进行调整。例如:

No longer were his lectures greeted with sneers and cat calls.

他的课不再遭到嘲讽和"嘘"的起哄声。(调整为顺序结构)

第三,中国文化中习惯先陈述论证内容,然后层层递进,最后引出结论。外国人习惯先开门见山，抛出结论，再逐点论述。因此，英语句常把判断性或结论性的部分放在句子最前面，以凸显结论。汉语则恰好相反，结论性的内容放在句子的末尾。例如：

It is hard to say if he will come tomorrow.

究竟他明天来不来现在很难说。（汉语句中结论性、判断性放在句尾）

第四，在多个内容并列，有词义差别的时候，英语国家习惯将重要的内容放在后面，汉语则习惯于将最重要的内容置于最前。因此，在一个句子中涉及几个并列词语时，几个词的词义有轻重强弱之分，英语的排列顺序一定是先轻后重、先弱后强，汉语则相反。例如：

We should and must go at once.（先轻后重）

我们必须而且应该马上就走。（先重后轻）

（四）英语语法教学中思辨能力的培养

英语教师要在一定的教学原则之内开展教学活动。教师凭借这些教学原则的指导，可以最大限度地激发学生的学习兴趣，提升他们的英语语法能力，这对于学生思辨能力的发展也有益处。

1. 语法教学的原则

（1）动机性原则。学生的学习动机直接影响语法学习的效果。在传统的语法教学活动中，语法教学充斥着单调、枯燥、困难的气氛，学生很容易对语法学习失去信心，甚至对英语学习失去兴趣。一旦学生缺乏学习英语的动力，就难以达到较好的教学效果。充分激发学生动机，才能达到真正的良好的教学效果。

（2）交际性原则。英语是一种用于沟通和表达的语言，学习英语的首要目的就是将其应用于语言交际活动，因此，在英语教学中，必须遵循交际性原则，才能真正开展有效的英语教学。

语言能力是交际能力的基础，一个人只有具备了一定的语言能力，才能随之开展交际活动，语言能力是交际能力的前提与基础。学生需要按照语法规则组织语言内容，进而实现有效地表达和交流的目的。同时，交际活动也是学生巩固语法知识的关键途径，语言能力往往在实践中逐步形成。因此，在英语教学中，教师当然需要教授学生一定的语法知识，但是教师更应该将语法知识融于交际活动之中，这样学生才可以真正做到学以致用。

（3）情境性原则。情境性原则强调语法规则与生活实践的结合，以提升学生的学习兴趣和实际运用能力。

英语的语法讲解不应该是简单、枯燥的，这会引发学生的厌恶、疲惫之感。学生在这样的教学环境之中，即便勉强学会了语法规则，仍然难以将这些语法规则灵活应用在生活实践之中。采用情境教学则可以比较有效地消除这一负面影响，改变原有语法教学中的固有弊端。

教师应该在教学设计环节，考虑语法知识能否与实际生活相结合，将学生的兴趣和学生生活的情景与教学相结合，用一种更生动有效的语言，将语法规则教授给学生。

（4）系统性原则。语法是语言系统中的核心部分，具有高度的系统性和逻辑性。英语语法教学必须始终坚持系统性原则。遵循系统性原则，要求教师真正从语言系统出发，开展一系列的教学活动。教师开展语法教学活动时，需要将语法教学内容与现代教学相结合，并最终与语法发展的规律相呼应。

语法知识点繁多且相互关联，内容较为繁杂，教师难以在较短的时间内全部教授给学生。教师要坚持系统性原则，即必须坚信系统的整体一定大于部分之和，可以让学生先从整体感知语法的规则，引导学生学习语法的各个部分，从点到面，再面对整个立体结构，最终帮助学生直接建构起完整的语法系统。

（5）针对性原则。学生的语法水平和学习需求因人而异，教师应根据学生的实际情况采取差异化的教学策略，确保语法教学的针对性和有效性。在义务教育阶段，英语教师教学采用大班教学，往往难以照顾到每一个学生。

面对不同学习基础的学生，教师应根据针对性原则，采取针对性措施，对不同班级、不同水平的学生进行差别对待，实施有针对性措施。如果学生具备较强的语法能力，语法水平较高，教师可以直接进行难度较高的交互性语法教学活动；如果学生的语法基础较为薄弱，教师需要为学生巩固语法基础，针对已有的薄弱环节进行有针对性讲授，对待语法问题也要特殊问题特殊处理。

2. 英语语法教学中思辨能力的培养策略

"一学就会，一用就错"是英语语法学习中学生容易出现的问题，发生这种现象的根源在于学生缺乏对语法知识的深层次理解和灵活运用能力，是由于学生的思辨能力存在一定的问题而导致的。教师为了提升英语语法教学的最终效果，更为了提升学生的思辨能力，需要采用多种教学方法，多途径呈现语法知识，并且启发学生多方面、多角度地对语法知识有较为深入的理解与学习。

（1）归纳法。归纳法是一种以学生为中心，从具体到一般的教学方法，能够帮助学生通过观察和总结语法规则，在实践中提升思辨能力。学生在教师开始教学的过程中已经针对语法的使用规则、语法使用的条件以及语法的应用范围进行了有效的比较与分析，自然可以在这个过程中提升自己的思辨能力。

教师往往可以通过以下三个步骤完成归纳。

第一，提取语言材料。学生需要改变对于一些语法知识点的看法，对一众语言材料进行有效的凝练与改进。

第二，分析并归纳规则。针对已经提炼过的语言材料，学生应进一步地进行分析归纳，并且从中感受到普遍适用的语法规则。

第三，阐述并运用规则。针对已有的语言材料，进行有效的引导与教授，在完成教学活动之后，学生可以明确地阐述出普适性的语法规则。

实例：定语从句的归纳。

教师向学生呈现以下句子：

The man who is standing at the door is my uncle.

This is the book which I borrowed from the library.

The boy whose father is a teacher won the competition.

He is the person to whom I gave the letter.

Is this the house where you were born?

首先，教师可以引导学生总结这些句子中的共同之处，学生进行有效的总结且积极进行反思。紧接着教师在学生已经进行的初步总结的基础上，进一步地归纳总结，将语法结构展示给所有的学生。语法规律的具体内容大致如下：

定语从句修饰名词或代词，通常紧跟在被修饰的词后。

定语从句以关系词（who, which, whose, whom, where 等）为引导。

教师可以再次带领学生进一步总结出以下内容。

不同的关系词用于指代不同的语法成分：who 指代人并作主语，which 指代物，whose 表示所属关系，whom 表示人并作宾语，where 指地点。

这样学生就可以通过归纳法积极参与教学活动，并且在这个教学活动中，充分发挥自己的主观能力了，而不是简单地听从教师的讲授，简单地输入知识。学生只有经过自己的观察、思考、分析、归纳，最终获得结论，才会有更为深刻的印象。

事实上，很多语法教学都可以应用归纳法，教师可以凭借归纳法获得较好的教学效果。

（2）演绎法。演绎法是一种高效的语法教学方法，能够帮助学生在规则的指导下，通过例句和练习逐步掌握语法知识。所谓的演绎，就是从一般走向特殊的过程。在英语语法教学中，教师凭借演绎法可以完成大量的语法讲解，将一般原理应用于某个个别性的论断，进行再次证明。

教师在教学的过程中，可以先将简单的通用性原则介绍给学生，再结合具体例子和练习，让学生理解并掌握语法知识。将这种具有抽象特点的教学现象直接引入具体的教学材料之中，凭借大量的相关练习，可以让学生学会语法知识点，并且可以让学生将语法规则内化为实际运用能力。

以过去进行时为例，教师在教授过去进行时的时候，可以将演绎法较好地运用于其中。

教师先向学生讲解"过去进行时"的定义和基本规则，具体内容如下。

结构：主语 + was/were + 动词的现在分词 (V-ing)。

用法：表示过去某一时间点正在进行的动作，例如，"At 8 o'clock last night, I was reading a book."。

表示过去某段时间内持续的动作，例如，"I was working in the garden all afternoon."。

与"when"或"while"连用，表示一个动作在进行时另一个动作发生，例如，"I was cooking when the phone rang."。

教师提供一系列例句，帮助学生理解规则的具体应用方法后，在讲解时可以对比其他时态（如一般过去时）以强化规则的适用范围。

一般过去时：I walked to the park yesterday.（强调动作完成）

过去进行时：I was walking to the park at 3 p.m. yesterday.（强调动作正在进行）

教师可以要求学生进行大量造句、练习，让学生通过这一过程，逐渐对这个新的语法知识点越来越熟悉，最终熟练掌握。

（3）网络多媒体教学法。随着数字技术的普及，网络多媒体教学法已成为英语语法教学的重要辅助工具。这种网络多媒体教学可以将教学原有的较为沉闷的氛围彻底改变，转向一种更加轻松愉快的教学氛围，有效地缓解学习活动让学生产生的焦虑之感。

第一，多媒体教学课件呈现的多样性。

鉴于学生的语言水平、学习风格和学习需求的多样性，教师可以利用网络多媒体制作出精美的教学课件，将语法知识点、语法句型等内容，通通展现给学生，这种生动形象的内容输入，可以帮助学生建立对语法知识的印象，便于学生记忆相关的语法知识点。

例如，教师在讲授动词的不同变化的时候，如动词过去式与动词过去分词的差异时，为了更加直观地将差异展示给学生，可以运用差异化的下画线和不同颜色，以行之有效地让学生集中注意力，学生也可以对这些变化规律进行总结，有针对性地举一反三。为了更直观地展示规则，教师可以在黑板或多媒体上用不同颜色和格式区分过去式和过去分词，便于学生记忆。

第二，学生在情境中应用语法知识点。

网络多媒体教学为学生创造了真实或仿真的语言情境，使其能够在实践中运用语法知识，实现知识的内化和输出。教师利用互联网，可以播放一些相关的图片、影片、对话情景等内容，帮助学生将语法规则与实际语言运用相结合，让学生进行较为有效的语法知识的应用练习。

例如，教师在进行一般过去时的教学时，可以要求学生将过去的一些照片带来，在课堂上要求学生对照照片进行描述。学生可以根据照片更加生动形象地理解"一般过去时"这一知识点。学生对自己的亲身经历也会有更加深刻的印象。

第三，课后拓展的教学模式。

语法学习需要反复练习和巩固，仅凭课堂时间很难完全掌握。教师可以借助互联网技术，设计多种课后学习活动，帮助学生延续课堂学习。

教师可以通过创建微信群组、论坛或在线课程平台，分享语法学习资源并组织讨论。这是一种打破时间和空间界限的有效的教学辅助手段，学生可以在更加轻松的氛围中，将课上的内容延展到课堂之外。

教师可以主动创建讨论群组，实现资源共享和思维的碰撞。教师将提前准备的教学问题发送到群中，可以让学生提前有针对性地开展预习工作，并且可以提出有针对性的问题，教师则引导大家积极参与讨论。

第四，结合听说读写等多种方式练习语法知识。

语法学习不应是孤立的，而应是与听、说、读、写等语言技能相结合的，以提高学生的综合语言能力。教师根据语法知识、语法相关教程，有针对性地开展其他的技能训练，学生可以有针对性地对语法知识进行有效巩固，并将之转换为自己的可理解性输入。例如，教师在课堂教学活动中，可以将听力与语法知识的学习相结合。教师要求学生将听力的内容进行听写，毫无疑问，在这一过程中，既完成了听力的练习，又完成了语法的练习，实现了多种技能的叠加练习。

（4）思维导图。思维导图是一种帮助学生进行知识整合、归纳和分析的重要工具。在英语语法教学中，思维导图不仅可以将复杂的知识点直观化，还能培养学生的逻辑思维和思辨能力，利用图形和结构关系，实现知识的有效整合，将其中的重点知识突出展现，激发学生的学习热情，促使学生进行积极的思考。

①思维导图的类别。

语法教学中常见的思维导图主要有以下几种。

第一，语法分析图。

语法分析图是一种根据奥苏贝尔的有意义理论建构生成的一种思维导图。概念学习可以被分为上位学习、下位学习以及组合学习三种类型。

在英语单词学到一定阶段之后可以应用这种分析图。随着英语学习水平的提高以及学习内容的不断累积，学生在进行复习与汇总的时候，就要对单词或者语法知识进行阶段性的总结。

第二，头脑风暴图。

第六章　义务教育教学中的思辨能力培养策略——以英语教学为例

头脑风暴图是一种常用的思维导图。在英语语法知识教学的过程中，教师可以划定一个关键词或者中心内容，引导学生进行充分发散，以中心的内容作为关键点，触发其他的知识，最后进行统一的归纳与总结。毫无疑问，在头脑风暴的过程中，学生可以充分发展自己的思辨能力，充分发挥自己的主观能动性。

第三，分层结构图。

分层结构图也是一种经常见到的思维导图的类型。这种分层的结构图具有层次分明的特点，上层内容与下层内容之间存在相当清楚的隶属关系。无论是教师还是学生都可以充分利用分层结构图，将内容进行层层解析，从整体到部分，一点点延伸至细节处。这种类型的分层结构图可以使中心关键词引导学生与教师形成一种有效的互动关系，让教师与学生在互动的过程中，完成知识的学习与进步。

教师可以在复习环节借助分层结构图，将中心内容写出后，带领学生一步步完成内容的填充。学生可以对内容进行逐层回忆、逐步分析，最终培养出良好的阅读、语法学习、写作习惯。

英语语法知识中存在大量的知识点，知识点之间具有相互包含与被包含的关系，上层与下层之间的隶属关系十分明确。教师可以选择这种分层结构图，将上下层之间的联系直接呈现给学生；学生可以在教师的帮助下，迅速完成知识的架构建立。

②思维导图的应用。

思维导图是一种有效提升学生思辨能力的辅助性工具。教师可以将具体的语法知识以一种新的形式呈现给学生，学生可以在多个情境中，深化对语言知识的理解。

第一，整合语法知识点。

学习语法知识的过程中，在进行句子相关的内容教学时，特别是进行从句教学时，教学较为复杂，教师可以在此处主动或引导学生绘制思维导图作为辅助。

学生在对语法知识没有一个整体的概念时，所掌握的知识是较为碎片化的，特别是在学从句的时候，有可能会因为不理解其中的关系，混淆知识点。教师无论是将已经做好的知识点图直接呈现给学生，还是在复习课中带领学生对逐个知识点进行重新回顾，都可以让学生在这个过程中获得一个比较完整的知识框架。特别是学生可以凭借这个过程，实现自己思维的开拓与发展。

第二，突出对比分析。

由于语法知识中更是包含了许多知识点，因此学生学习语法知识不仅需要从整体的角度去把握，还需要进行突出对比分析。教师可以用思维导图进行更为直观的呈现，帮助学生一点一点地厘清这些较为抽象的语法知识的细节，达到更好的教学效果。

第三，引导学生主动构建。

对知识进行罗列的时候，特别是对有着一定逻辑关系的知识点，可以采用鱼骨图、逻辑图、头脑风暴图、蝴蝶图、网状图等。

鱼骨图又称因果图，就是一种可以发现问题的"根本原因"的思维导图，其特点在于简洁实用、直观深入。

通常情况下，鱼骨图是先将问题填写在鱼头的位置，画出主骨，再画出大骨之后，写出大原因，再画出中骨也就是中层原因，最后画出小骨，写出小原因。它可以将众多原因中的重点原因，用符号进行标识。

在英语教学中，针对一些语法细节进行规律总结的时候，可以选择应用逻辑图进行有效汇总。比如，在学习虚拟语气的时候，可以应用逻辑图将虚拟语气的时态一一列出。

头脑风暴图是一种表达发散性思维的有效图形思维工具。它以一个中心主题为核心，通过线条、图形、颜色等方式，向外辐射出多个相关的子主题和细节内容。

蝴蝶图主要用于对比和对照两个主题。它的形状像一只蝴蝶，中间部分用于写两个主题的比较基础或者关联因素，两边的翅膀部分分别用于详细描述两个主题的各自特点。

网状图是一种用于展示多个对象之间复杂关系的图形工具。它由节点（代表对象）和连线（代表对象之间的关系）构成，这些节点和连线相互交织，形成一个类似网络的结构。

第三节　英语技能教学与思辨能力的协同发展

一、英语口语教学与思辨能力培养

教师在英语口语教学中融入思辨能力培养，对提升学生语言综合运用能力与思维水平至关重要。

（一）英语口语教学的意义

1. 满足社会对人才的需要

现代社会对人才的需求十分多样化，尤其对具备跨文化交际能力的人才需求尤为迫切。英语是全球通用的语言，培养学生的英语口语能力，不仅是提升个人语言水平的重要手段，还是服务社会、满足国家发展需要的关键。

英语国家的语言即英语，是在英语国家特有的文化中孕育而生的，英语也会对文化产生影响。中西方文化在历史背景、文化特点等方面都存在较大的差异，因此，中英文化都会影响其语言特点，并渗透进不同的习惯与风俗之中。

语言与文化之间的关系是不可被忽视的，中国学生在中国文化背景下生活成长，接受了中国文化的熏陶。在中国学生学习外语的时候，需要接受其他国家特有的文化。

中国学生在学习英语时，不仅需要掌握语言规则，更需要了解英语国家的文化背景、历史特征和风俗习惯。特别是在口语表达过程中，中英文的口语表达方式、表达习惯等内容都存在差距。中国学生在与外国人交流的过程中，需要在口语表达方面注意国家文化的不同可能会造成误会，影响交流的效果。英语重视口语教学，将中外文化风俗习惯教授给学生，可以有效避免中外文化交流时出现障碍与误解。

2. 口语是语言学习中的重要组成部分

语言技能包括听、说、读、写、译五大方面，学生在学习英语这门语言技能的时候，五大技能都需要一一掌握，学生"说"的技能，也可以在一定程度上反映出一个人的语言水平。

学生的口语能力直接反映了其语言综合运用水平，与书面表达相比，口语是越来越受人们重视的一项语言技能。因此，教师重视学生的口语交际能力，也是为了学生语言水平的综合提升。

3. 促进阅读教学的开展

英语口语教学不仅可以提高学生的口语能力，还可以有效促进其他语言技能的发展，特别是在阅读教学中作用尤为明显。口语教学涉及课文朗读、口头复述、话题讨论等内容，可以促进学生阅读能力的提升。学生的口语能力可以随着口语教学的开展而提升，学生还可以在参与口语教学的同时，加深对文章的理解，提升阅读能力。

4. 促进写作教学的开展

英语写作是语言学习中的一项综合技能，口语教学对写作教学的开展可以起到促进的作用。口语教学在提升学生口语能力的同时，使学生的表达能力有所提升。在口语教学的过程中，教师可以要求学生在教学的时候做口头的练习，课下完成写作。

一般情况下，口语能力的提高通常随着写作能力的提升。学生的口语能力有了提升后，学生的表达能力也能相应提升，讲得清楚，说得明白，学生在写文章的时候就能表现出较高的写作水平。

（二）英语口语教学的内容

英语口语教学是一种理论与应用并行的教学，其内容具有较强的综合性和层次性。因此，口语教学的内容涉及面相对较广，综合性较强，主要包含语音训练、词汇练习、阐述语言口语化特征、交际互动能力培养、文化知识教授五个方面，这五个方面是层层递进的。

第六章 义务教育教学中的思辨能力培养策略——以英语教学为例

1. 语音训练

语音是英语口语学习的基础，语音训练的目标在于帮助学生掌握准确的发音和恰当的语调，包括重读、弱读、连读、音节、意群、停顿等。错误的发音或是不正确的语调，都有可能影响对方理解对话内容，甚至造成误解。例如，句子的升降调不仅会影响语句是否动听，还能直接影响其表意功能（如升调常用于疑问句，而降调通常用于陈述句）。教师在开展口语教学时，必须鼓励学生通过朗读、背诵和表演等活动，强化对语音、语调的掌握，引导学生利用语音、语调表达正确的意思。

2. 词汇练习

词汇是语言技能发展的基础，词汇是外语教学开展听、读、说、写四项技能训练的前提，是英语教学中一项不可缺少的工具。

学生如果没有足够的词汇储备，就不会有足够的输出语料库，从而无法进行信息交流。如果没有足够的词汇，就无法在大脑中建立预置词块，这将不可避免地影响英语语言输出的有效性。例如，缺乏对高频词的掌握会限制学生在日常情景中的表达能力，而不了解特定领域的词汇会妨碍学术和专业交流。口语交际的实现离不开充足的词汇储备，因此，教师在英语口语教学活动中，应主动关注学生词汇量的积累。

3. 阐述语言口语化特征

阐述语言口语化特征，需要让学生了解外语语言口语化的特点。教师可通过情景对话、影视片段等资源展示这些特性，并指导学生模仿和应用。教师要采用不同的教学方法，引导学生逐渐熟悉英语口语的独特表达方式，理解口语中省略、连贯和重复的特性。

例如，英语情景交际教学中，当对话涉及听者时，疑问句通常会省去句子的主语甚至是助动词。了解语言口语化的特点，有利于提高学生的口语能力。

4. 交际互动能力培养

口语交际的核心在于互动能力，即在对话中建立联系、传递信息并解决问题的能力。

在口语交际中，如何开启对话是一个重要的问题，如何结束对话也是一个值得研究的问题。在学习英语口语的过程中，教学应引导学生掌握在互动中进行意义磋商的技能，如澄清请求、确认检查和理解检查等。

5. 文化知识教授

语言是文化的载体，在英语口语交际中，相关的文化背景知识也很重要。要想实现恰当得体的交际，学生必须掌握一定的文化知识，包括共同的文化规则和不同文化之间的交际规则。这意味着学生不仅要有扎实的语言基础知识，还要有一定的文化知识。教师必须在英语教学过程中，将文化知识纳入外语教学的教授范畴，帮助学生逐渐构建知识框架。

（三）英语口语教学中思辨能力的培养

口语是一种需要临场迅速反应的技能，学生口语能力的提升，离不开思辨能力的提升。因此，教师需要将口语教学视为一项长期的复杂工程，在进行口语技能教学的时候，不仅仅聚焦于口语本身。教师需要通过多种途径和方法，一方面提升学生的思辨能力，另一方面提高学生的口语能力。

1. 合作学习法

合作学习法是一种以小组为单位，小组成员之间相互帮助与协作，共同实现学习目标的方法。在这个过程中，小组成员在共同实现学习目标的同时，完成了自我的发展，实现了个人学习的能动性和创造性的发展。教师在合作教学中，需为学生明确学习目标，设计分工合理的小组活动，主要起到制订教学计划、选取教学材料、为学生分配教学组别、控制学生学习进度等作用。

合作学习需要学生与其他组员相互沟通，逐渐弥补自身的不足，学生对自己的行为负责，同时需要对整个小组负责。学生具有一定的自我管理能力，才能在小组的合作学习中完成学习任务。学生可以根据学习计划，阶段性地提升自我，在合作学习的过程中不断寻找练习口语的机会。学生需要主动检查自己是否具备一定知识，克服自己固有的不利于英语学习的因素，发展属于个人的学习风格，完成多样化的学习任务。

2. 情境教学法

情境教学法通过创设真实或接近真实的语言情境，使学生在特定情境中进行口语实践。语言交际环境的创设，是确保英语教学效果的重要一环。语言学习的最终目的是在实践中应用该语言，解决现实生活、工作和学习中的相关问题。

教师主动为学生创设出具体、真实、生动的语境，可以让学生在与真实语境相似的应用情境中进入口语教学。教师需要在学生进行口语实践时，创造多种语言情境，加强语言与情境的结合，使抽象语言具体化、情境化和可视化，更接近日常生活中的自然对话。

实践证明，在课堂上创设真实的语言情境，不仅可以激发学生学习外语口语的兴趣，还可以使学生更快地掌握口语技能。情境教学法的开展方式有很多，下面介绍其中的两种。

第一，配音。

配音是教师可以在班级里开展的一种有效的情境教学的手段。教师选取一段电影片段或小视频作为教学素材，可以先让学生听一遍，再解释其中包含的语言要点，然后再播放两次，这样学生就可以试着记住教学素材。其次，教师把电影片段或小视频调到静音，让学生根据记忆，试着复述。最后，教师可以让学生观看无声电影和电视，然后让学生利用自己的想象力对画面配音。这种方法更有利于激发学生的想象力，调动他们参与的积极性，口语练习的效果会更好。

第二，角色扮演。

相较于配音，角色扮演在英语教学活动中的应用更为广泛，是一种深受学生喜爱的教学活动，也是情境教学的主要方式。

教师在开展这类教学活动的过程中，可以先为学生创设一个具体的情境，根据所创设的情境，划分可能出现的角色，并分配或允许学生在讨论后定义各自的角色。

教师组织角色分工之后，学生可以开展排练，然后在全班面前表演。在排练和表演期间，教师应尽量不干预，如有必要，只需给予适当的指导。表演结束后，教师可以先让学生表达他们对表演技巧和语言使用的看法，最后再对学生的表演进行点评，或要求学生对角色扮演的情况进行一个自我复盘。学生可以将自己的感受与教师的点评相结合，对自己的表现进行深入感知。

角色扮演活动不仅可以提高学生对外语口语教学的兴趣，减少学生对外语口语学习的恐惧，改变英语教学固有的机械、重复和单调的练习，还可以让学生模拟在不同的社会环境中以不同的社会身份进行交流的情境，因此对英语口语教学效果和学生思辨能力的提高起着重要作用。

3.立体化问答

教师在进行课堂教学的过程中，必然会有提问的环节。教师可以在教学中提问，进行立体化的问答式教学。

在教师原本的教学活动中，教师也会进行口语的问答互动，但是教师需要有针对性地结合课堂的教学内容，设计多样化的问题。即便是简单的话题，也需要设计多种类型的问题。教师在进行教学问答的时候，需要注意的是，问答不是单一问题、单一问答，而是需要开展立体化的问答。

例如，教师在提问后，可以根据学生的回答设计后续问题。例如，针对问题"What do you think of your college?"，学生可能回答"It's great."。此时教师可追问"Why do you think so?"以及"What can be improved in your college?"这类开放性问题引导学生从不同角度进行深入思考，避免单一回答。学生需要发散自己的思维，在对问题展开深入思考后，得到更加深入的答案。如果课堂容量允许的话，英语教师也可以不仅仅止步于此，而是进行与内容相关的个性化提问。例如，针对学校这个问题，教师可以针对学生所在的学校，进行更加深入的提问。学校里面的环境、改变，甚至学校里面的某一个人都可以作为话题，教师将身边的人、事、物与口语教学相结合，让学生在进行回答之前，充分调动自己已有的知识，利用自己的语素材料以及自己的发散思维得到最终的答案。

教师需要针对教学内容设计多样化的问题，在对学生进行提问的时候，较少地采用一般疑问句，较多地采用特殊疑问句，这样可以引导学生进行更深入或更广泛的思考，开放的问题没有标准答案，也正是因如此，学生的思维才不受限制。教师引导学生从不同的角度进行思考，可以培养学生转换思维的能力，并培养学生更加灵活的思辨能力。

4. 演讲辩证法

演讲与辩论是一种高级语言交际活动，能够同时有效促进学生的逻辑思维能力与口语表达能力的发展。

教师需要组织一定的命题演讲活动、辩论活动、自由演讲活动等。教师可以提前定好相关的活动项目，发动学生利用课余时间充分搜索相应的资料，学生将自己收集到的大量资料进行筛选与分析，提炼出自己的主题观点。学生依据自己的观点，查找相应的论据，进行合理推理，得出最终结论。在这个过程中，教师需要及时观察学生的准备进度，不失时机地引导学生进行完整的谋篇布局，确保学生的思路正确、严密、清晰。教师如果想在班级开展辩论活动，需要引导学生针对对方可能提出的论点、论据，进行预判，做好辩驳准备。

在辩论、演讲活动中，学生可以实现对逻辑推理、分析综合、归类判断等多种思辨能力的练习。除此之外，无论是演讲还是辩论活动都是需要学生具备一定的语言表达能力的，学生在进行语言表达的时候需要确保自己观点正确、逻辑严密、论据充分。教师长期坚持开展演讲辩论练习活动，不仅能增强学生的自信心，还能培养学生在多变场景中的应变能力。

二、英语听力教学与思辨能力培养

在实际交流中，学生需要根据对方的话语进行思考和回应，这就要求他们具备一定的思辨能力。通过听力教学中的训练，学生能够更好地理解对方的意图，准确地表达自己的观点，提高交际的效果。

（一）英语听力教学的意义

英语听力教学在整个英语教学之中具有非常重要的意义。"听"作为语言输入的重要组成部分，是语言学习的重要阶段，它能激励学习者不断与新的语言材料互动，帮助学习者快速理解材料内容。

1. 内化并且巩固学生的语言知识

教师可以通过英语听力教学实现内化并有效巩固学生语言知识的目标。学生语言体系的构建不是一蹴而就的，构建一套完整的语言体系，需要学生听说读写能力的不断提升才能真正地实现。

听力是一种相当复杂的语言信息处理过程，学生需要在理解语言信息之后，内化处理，再进行知识的输出。学生经过对语言的理解，提升了听力水平，也实现了知识的建构，掌握了语言的知识与内容。英语听力教学对巩固学生的语言知识起着关键作用，有助于学生内化所学知识，构建个性化的语言知识体系。

2. 提升学生的语言运用能力

听力教学是一种提升学生语言运用能力的有效途径，英语听力教学可以直接影响学生的语言技能水平。听力训练能够帮助学生熟悉英语的声音符号体系，包括语音、语调、重音和节奏。学生在听力过程中对语言信息进行分析和重组，就语言学习内容进行积极思考，教师则对语言信息进行重新组合，帮助学生更好地理解已经学过的语言知识，提升学生的语言学习效率，促进学生语言运用能力的进一步发展。

3. 为国际交往做准备

学生在实际交流中，需要通过听力快速理解对方的语言信息，并据此做出恰当的回应。在跨文化对话中，听力技能的高低会直接影响沟通效果。学生只有具备良好的听力，才能准确理解交流内容，避免因误解而产生沟通障碍。

传统的英语教学对听力教学的重视程度远不如对读与写的重视程度。无论是对于教师还是对于学生，读写都是英语学习的重中之重，人们对听力的重视程度较低，在英语能力的考查中，听力所占据的比例也相对较低。

听力是国际会议、商务谈判和学术交流中必不可少的语言技能，听力技能水平的高低会直接影响交流的效果。学生只有学好听力，才能更好地参与社会交际活动，有效促进最终的交流与合作。

（二）英语听力教学的内容

英语听力教学的内容是一个较为宏大的课题，本部分主要叙述听力教学的四大内容：听力知识、听力技能、听力理解、语感。

1. 听力知识

听力知识主要包括以下四个方面。

（1）语音知识。听觉信息的准确输入依赖扎实的语音基础。语音知识主要是有针对性地输入听觉信息，语音知识是听力理解的根基性知识。学生只有掌握了一定的语音知识，才能提升后续的听力水平。

（2）语用知识。语用知识帮助学生理解言谈中的隐含意义，如会话中的省略现象或不同文化背景下的惯用表达。对于听力教学来说，将一些与言谈相关的话题与材料进行呈现，也是必备的听力教学内容。毕竟在交际的会话过程中，误解会话含义是一种普遍存在的现象，有效把握语用知识，有助于学生提高听力水平。

（3）文化知识。听力材料蕴含着丰富的文化背景信息。学生想要对听力材料中的内容进行准确的理解与分析，需要掌握一定的文化常识，再进行听力实践。例如，教师教授学生英语国家的节假日、社交礼仪等相关知识，有助于学生理解相关主题的听力材料。

（4）听力策略。即便学生已经进行了较多的语音知识、语用知识、文化知识的学习，在面对差别化的听力材料时，学生也难以保证百分之百完成听力任务。学生需要具备一定的听力策略，如预测、推断、总结等技巧，根据实际情况，选择合适的听力策略，增强听力活动的灵活度。

2. 听力技能

听力技能是学生进行听力实践的核心能力，是听力教学的重要目标。想要提升学生的听力教学效果，就需要针对学生的听力技能进行有针对性的培养，常见的听力技能主要包括以下几个方面。

（1）辨音能力。学生需要掌握一定的辨音能力，对听力材料中的重读音节、音位、语调等因素都进行一一辨别。

（2）细节把控能力。学生将听力材料的主旨大意掌握清楚之后，可以针对材料中的细节内容进行进一步了解，这些细节是听力理解的前提与基础。只有对听力细节进行严格的把控，以一种积极的心态去参与听力理解活动，才能真正地把握听力材料。

（3）选择注意力。学生在较为短暂的听力过程中，需要对信息进行甄别，并需要针对不同的听力材料，将自己的注意力集中在不同的听力目标上。

（4）交际信息辨别能力。大部分听力材料有一定的交际场景限定性，也有一定的交际性，大多数交际性语言可以组成听力材料，学生掌握一定的对交际信息的辨别能力是十分有必要的。

（5）预测能力。学生根据已有的预警信息与已经具备的知识，对下文的语言话题进行预测，这对于听力实践来说至关重要。在听力教学过程中，学生具备一定的预测能力，可以提高学生的听力效率。

（6）词义猜测能力。学生在进行听力实践的过程中难以避免地会碰到一些陌生词汇，对陌生词汇的猜测可以帮助学生理解文章大意。学生如果被某个生词影响，难以理解整个句子的大意，就毫无疑问会影响后面对听力信息的接收与理解。因此，对生词的猜测能力可以说是一个合格的听者必备的一项技能，学生可以根据上下文的含义对其进行判断与推断，借助对已有语境的整体把握，或者搜寻已经具备的信息，猜测出这个生词的大致含义。

（7）理解大意的能力。听力理解，除了要求学生掌握细节信息、关键信息，更需要学生明确交际双方的主旨和大意。学生只有掌握了文章的主旨大意，才能更好地理解细节。

（8）评价能力。学生在听力过程中，也应该有评价听力材料的能力。学生需要对所听到的内容进行评价，并对其进行较为准确的表达。

（9）推理判断能力。毫无疑问，听力材料不会将所有信息全部呈现给学生，听力是交际者在一定的交际目标下所进行的活动。学生可以根据交际者表达出的语言信息，对这些信息进行深入理解，感受其中包含的交际信息。学生需要采用一定的推理判断手段，揣摩交际者的谈话意图，确保对交际者传递的意图有一个比较深入的了解。例如，学生如果在对话中听到了"I'm sorry I forgot to call you back"，就可推断对方可能错过了一次重要的沟通。

（10）记笔记的能力。学生面对较长篇幅的听力材料可能无法一次性全部记住所有内容，需要进行一定的推理判断，明确交际者的谈话意图；在必要时，比如在一些正式场合，还需要进行笔记速记，对整体信息进行有效的把握。

3. 听力理解

听力从来都不是一个简单地将听到的材料——复现的过程，听力是一种高阶能力，不是简单地重复与复述，听力的重难点在于理解，需要学生对语言背后的深层含义进行理解。在实际的教学活动中，教师需要将具体的听力知识、技能与策略通通教授给学生，最终实现学生听力理解能力的有效提升。听力理解主要包括以下五个部分。

（1）辨认。听力活动中，辨认是听力活动进行的前提与基础。辨认主要分为三个部分，即语音辨认、信息辨认和意图辨认。

语音辨认的难度较低，只要学生掌握一定英语语音知识，并且进行过一定的听力理解练习，便可实现。信息辨认指学生在听力过程中准确识别和理解关键信息的能力，包括识别关键词、理解上下文语境、捕捉重要细节等。意图辨认难度较高，进行意图辨认的前提就是进行准确的语音辨认和信息辨认，学生还需具备一定的交际能力与文化能力，才能进行准确的意图辨认。教师在培养学生的辨认能力时，一种常用的教学方法是乱序训练法。具体来说，教师将一个完整的听力材料打乱顺序，要求学生重新排序，学生需要对每一部分进行准确的指认。通过这种方式，教师可以有效地培养学生的辨认能力。

（2）转换。听力材料往往是以交际者对话的形式呈现的，或者是对整篇文章材料的播报，但是学生需要对这些听力材料进行理解与转换，将所听的听力材料转换成图表。学生需要辨别听力材料中的短句与句型，对已知信息进行转化，这是对听者更高层次的能力要求。

（3）重组与再现。学生对已经转换过的听力材料，也不能直接一一输出，而应将这些听力材料进行重组、再现。

（4）社会含义。中英文语言含义差别较大，并且存在一定的语言差异。中英文之间的差异也会体现在听力教学中，因此，学生在进行听力理解的时候，需要明确一个概念：听力活动属于交际活动的一部分，学生需要始终遵循礼貌与得体的基本原则。学生只有对听力材料中所蕴含的基本社会含义有较为准确的理解，才能进行听力活动的有效输出。教师在开展社会含义教学的过程中，需要关注学生是否能根据不同的语境进行准确的描述。教师必须创设多样化的语境，让学生根据情景需要，理解语言背后的深层含义，并能对其进行较为准确的描述，最终使听力活动顺利进行。

（5）评价与应用。听力本身是服务于语言交际的，具备一定的目的性和交际性。听力活动往往要求倾听者在听力过程中把握好交际者的交际意图，并且有针对性地进行语言回应和语言沟通。因此，听者需要客观评价听力材料，并进一步应用听力材料中的有效内容。可以说，评价与应用本质上就是听力活动中难度最大的内容，也是听力理解的最后环节。

教师需要在听力过程中，根据学生现有的听力理解的层次做出对听力行为的应对；在教学过程中，增加一定的听力讨论与情景交际的练习，这样可以提高学生的评价与应用能力。

4. 语感

语感是一种高级的听力能力，拥有语感的人往往具备对语言的整体的感悟能力。语感是一种需要较长时间潜移默化培养的能力，往往具有一定的直接性，只有不断锻炼，才能慢慢提高。良好的语感可以帮助学生在缺乏一定语言条件的前提下，进行语言的预测与判断，促进听力活动的进行。学生可以尝试模仿地道语音语调，提升对语言的敏感度。

（三）英语听力教学中思辨能力的培养

教师可以从多角度着手，在英语听力教学中，培养学生的思辨能力。

1. 听力材料的选择

听力教学的核心目标是提升学习者的英语实际运用能力，也就是听力教学要起到提升学习者的英语使用能力的作用。听力教学需要与语言学习的最终目标相契合，并且需要教师根据学生的发展阶段与发展的特点选择难度适当的英语听力材料。

教师需要遵循最近发展区原则，在选择英语材料的时候，选择既有一定挑战性又不至于让学生望而却步的材料。难度过低，对于学生来说毫无挑战难度，达不到教学发展的效果；难度过高则会导致学生产生畏难的心理，难以达到较好的教学效果。教师在选择英语听力材料的时候，主要需要关注以下几个方面的内容。

（1）听力材料中人物关系复杂程度。听力材料中的人物关系过于复杂，会增加听力理解的负担，使学生难以将注意力集中于语篇的关键内容。选择材料时，应优先选择人物关系较为清晰、逻辑线索明确的听力材料。需要让学生掌握人物之间的关系，提升听力过程的针对性，避免分散学生的注意力，这不利于学生理解关键信息。例如，在对话类材料中，人物的身份和互动关系应较为简单，能够使学生迅速识别，以便他们将更多注意力放在听力内容的语言理解和信息提取上。

（2）听力材料的内容是否贴近生活。听力材料的内容选择需紧贴学生的生活经验和知识背景。超出理解范畴的听力材料会影响学生听力活动的正常开展。教师选择贴近生活的材料，如关于日常交流、学校活动、购物等主题的，这样学生不仅能更快进入听力语境，还能根据自己已有的生活实践经验、文化背景，对英语听力材料进行有针对性的理解。

（3）语篇信息。语篇信息熟悉度包括语篇结构和语篇内容两个方面，这对学生的听力表现有显著影响。学生对语篇结构的熟悉程度会直接关系其听力表现。比如，如果听力材料的语篇结构是学生所熟悉的，如时间顺序、空间顺序、逻辑顺序等结构，学生会因为较为熟悉，表现更为良好；如果语言结构是学生不熟悉的顺序，学生则会因为没有形成相应的习惯，产生紧张或者焦虑情绪，最终难以正常发挥。

熟悉的语篇内容能够增强学生的理解信心。对于学生来说，如果语篇涉及的话题是自己熟悉的，就会表现更好；如果话题较为陌生，学习效果则会比较差。学生可能会因为较为紧张，或者不熟悉，错过语篇中的重要信息，难以提取重要信息要素。

（4）语言方面的因素。听力材料中的语言特性也会对学生的理解过程产生重要影响，无论是时间变量、语音、词汇还是句法都是影响语言学习的重要因素。听力过程中，听力材料语速过快或者过慢，都会对学生理解材料产生影响；同样地，语言的停顿与语气的迟疑也会影响学生的阅读效果，学生会因为来不及反应，或者迟疑过多而产生心理负担。句子总是断断续续的，会让学生产生一种不真实的感觉，干扰学生对语段含义的正常理解，学生会因此产生厌倦心理。教师在选材时需确保语言表达贴近真实语境，材料中的词汇和句法难度应适中，同时具备一定的教学价值，以逐步提升学生的听力。

2. 英语听力教学中思辨能力的培养策略

听力教学是英语教学中的难点之一，常被视为最具挑战性的教学内容。其困难之处不仅在于教师选取的听力材料中可能包含生词或者复杂句，成为学生听力练习的障碍，还在于即使学生查阅听力原文后，发现并无生僻词，听力的效果依然有可能不尽如人意。

造成这一问题的主要原因是部分学生缺乏思辨能力，部分学生缺乏对语音、词形之间的即时联想能力，学生无法将语音与词进行一一对应。因为部分学生尚未建立起听力与对应词型的联系，语音与对应词之间有一层壁垒，学生缺乏形成条件反射的认知机制。还有部分学生缺乏对英语发音规则的理解，他们没有学到连读、弱化、同化、省音、弱读等发音规则，当正常的语流中出现这些现象的时候，学生往往一筹莫展。

这些问题的出现意味着学生缺乏基本的思辨能力，而这些学生不具备归类、识别、区分等分析能力，培养学生的思辨能力需要采用互动教学法、预测推断法、多媒体教学法。

（1）互动教学法。互动教学法就是教师在开展听力教学的时候，引导学生与所听材料进行必要的互动。互动教学法往往是以一种模拟教学的方式进行的，一方面可以提升学生的思维能力，培养学生的思辨能力；另一方面可以有效地提升学生的听力水平。

教师将听力材料分为多个部分，每次播放一小段后，邀请学生进行互动讨论或反馈。学生可以模拟真实交流场景，通过双人或多人互动，根据对方的反应调整自己的语言表达。这种方式一方面可以有效锻炼学生的口语能力，另一方面锻炼了学生与他人互动的能力。

（2）预测推断法。在听力过程中，学生需要对尚未出现的词语进行预测。学生需要在已经掌握了绝大多数的功能性词语以及短语规则和一定的语法规则之后，根据已经出现的词语，预测下一个词。例如，当听到"a"时，可预测后续可能是一个可数名词单数；当听到介词"in"时，可推测接下来的内容可能是一个介词短语。即便是在听力的过程中，有一个要素没有听清楚，根据上下文的内容，也是可能预知到漏听的词类，并且可以大致预测词语含义的。

推断是一种思辨能力，基于语法、词汇和上下文，能帮助学生填补听力中未能获取的关键信息。学生在掌握了一定的句法知识和短语固定搭配知识后，可以根据推断判断出漏听的部分。学生即便没有将某个词语听完整，但是听清楚了后缀，也可以凭借已知的词语后缀，判断出漏听的部分，并大致推断出词义。

例如：当学生听到"The tourists were amazed by the (　　　　) of the mountains, and they took many pictures to capture the moment."这个语言片段时，他们能够很轻松地得知"amazed"暗示某种令人惊叹的特点，"took many pictures"进一步说明这一特点是视觉相关的，因此可以推断出漏听的词应该是用于描述山的特点的词，常用"beauty""grandeur""majesty"等名词。考虑到语境的感情色彩，"beauty"和"grandeur"更符合表达对风景的赞美。

（3）多媒体教学法。多媒体教学法利用现代技术为学生营造直观、生动的语言学习环境，多媒体现在已经成为中小学教师广泛应用的一种教学设备。多媒体教学设备可以将语言内容以视听的形式进行展现，不仅调动了学生的视觉，还调动了学生的听觉，教学效果更好。

教师在应用多媒体教学时主要采用以下两种形式。

第一，仿真对话教学。

仿真对话教学指的是有该领域的专家学者进行英语听力对话训练，教师要有针对性地提问，为学生留出思考空间，增强学生在听力仿真对话训练中的直观感受，由提问者和回答者相互交流，完成对话练习，提升最终的听力效果。

第二，为听力练习提供平台。

多媒体教学设备可为学生提供海量听力资源，涵盖不同语速、主题和难度层次的材料，可以帮助学生通过反复练习丰富知识结构并提升听力技能。学生在登录平台后，进行听力练习。多媒体资源更加多元化、及时，学生可以在进行听力练习的同时，丰富知识，开拓思维。

3. 分析与综合相结合

（1）分析地听。分析地听，就是要在听力的过程中将听力材料进行分解，分内容地听、分步骤地听。分析的过程可以帮助学生厘清材料的逻辑关系，培养细心的听力习惯，为后续进行综合理解奠定基础。教师将听力材料进行分段，学生可以按照词语、词组、句子、句组、段落、文章的顺序，一点点分析，一点点感受，将听力材料中的关键信息，如时间、地点、人物等内容记录下来。

（2）综合地听。综合地听，就是教师将听力材料视为一个整体，不再进行拆分，而是直接给出整篇文章，学生整体地听，整体地理解，找到材料的中心大意等内容。教师在练习综合地听时，可以将听力材料的难度适当地降低，按照顺序性原则，由易到难，逐步提升学生综合地听的能力。学生通过整体聆听，关注语篇的中心思想和逻辑结构，训练自己快速抓取要义的能力。

听力教学需要分析与综合相结合，二者缺一不可，分析主要关注听的细节，综合则是关注深层次的含义，分析是综合的基础。在听力练习时，教师要将细节处理与文章大意的练习相结合，分析与综合相结合，最后达到较好的教学效果。

三、英语阅读教学与思辨能力培养

在英语教学体系里，英语阅读教学与思辨能力培养存在紧密的联系。

（一）英语阅读教学的意义

1. 扩大词汇量

词汇是语言的基本组成部分，学生只有具备一定的词汇量，才能够进行阅读。阅读对于词汇量的积累也能起到重要作用。在英语阅读教学过程中，教师会借助语境教授给学生一定的单词，使学生在自然的语言环境中积累和运用词汇。

英语学习者在英语学习过程中，能够更加灵活地理解单词的多种含义和用法。学生在阅读过程中，可以有效地利用材料中的语境，这种方法甚至能起到事半功倍的单词记忆效果。学生在阅读过程中，利用具体的语境，可以实现对单词的记忆，以及对单词词义辨析、固定搭配等内容的掌握。学生长期进行阅读活动，还可以随着多次练习，不断深化对单词的印象，从而逐步内化词汇知识。这种自然积累的过程，比孤立地背单词更加高效。

2. 有助于英语能力的提升

英语阅读教学可以提升听、说、写、译技能的水平，阅读对以下几项技能都能起到促进作用。

第一，阅读对于听技能的作用。

听力是用耳朵获取信息的过程，阅读是用眼睛获取信息的过程。阅读与听力都需要语感的参与，阅读可以培养语感，因此，阅读对于听技能也能起到促进作用。例如，通过大量阅读，学生可以熟悉常见的句式和语法，在听时更容易辨别出关键信息。

第二，阅读对于说技能的作用。

朗读是阅读教学中的重要环节，是一种通过语音语调的变化来表达信息的活动，是一种有效的输出信息的方式。阅读教学中可以适当组织朗读活动，让学生养成一种良好的语音语调习惯，提升说的能力。

第三，阅读对于写作技能的作用。

阅读是输入，写作是输出，两者相辅相成，相互促进。阅读的过程本身就是写作的一部分，阅读能力的提升必然会带来写作能力的提升。

第四，阅读对于翻译技能的作用。

翻译需要对两种语言的表达习惯和文化背景都有深入理解。学生通过阅读能够感知语言的文化内涵和语用特点，从而在翻译时更准确地表达原意。阅读是翻译活动的语言和文化基础，可以保障翻译的准确性。

3. 培养语感

语言没有固定的标准和硬性规定，常常需要根据具体的语境变化而变化，英语教学的效果往往由学生语感的强弱决定。语感就是对语言的表达方式进行快速理解与判断的能力。要在短时间内，判断出语言表达是否流利、是否准确，需要语感的参与。语感的获得需要大量、长期的语言接触，并进行较为长久的思维训练。其中，阅读可以让读者感受到规范的语言表达方式的形态，并感受到修辞手法的实际效果，还可以在不知不觉中体会表达方式中的感情色彩。例如，学生阅读不同文体的文章（小说、新闻、散文等），能够体会到语言的多样性和修辞效果。

阅读是一种低压力、高收益的学习方式，学生在沉浸式的阅读中，可以不知不觉地感知和习得语言的表达方式和情感色彩。因此，采用这种方式可以有效调动学生的阅读积极性，为持久的英语学习奠定基础。

（二）英语阅读教学的内容

英语阅读教学的目标不仅是帮助学生理解文字内容，更是引导学生找到有效的阅读方法和自主学习能力，使其能够以灵活的方式应对不同场景和需求的阅读挑战。阅读教学的内容设计需要紧扣学习目标，注重关键技能的培养，为学生打下扎实的阅读能力基础。

在英语阅读过程中，学生可能会遇到不熟悉的单词。因此，教师应教会学生如何利用上下文线索推断词的含义，这也是为了学生可以更好地继续阅读。教师应教授一些实用技能，如利用上下文之间的语义联系来推断未知单词的一般含义。例如，当学生遇到"exuberant"这个生词时，教师可以提醒学生阅读上文"the child's exuberant laughter filled the room."，学生可以根据上文内容推断"exuberant"的中文意思为"充满活力的、欢快的"。

教师在阅读教学中，应帮助学生梳理文章中的句子关系，特别是要教学生识别连接词、指示词等词语，让学生借助这些词厘清文章段落的关系，从而理解文章的整体结构。比如，教师需要帮助学生识别指代词，并帮助学生找到指代词在文中所指和含义，以帮助学生快速找到文章中最重要的信息，更好地理解文章中的逻辑关系。例如，"this"可能指代前文的某一内容，学生需结合上下文找到其具体所指。

教师应帮助学生学会通过细节分析文章大意，让学生掌握基本推理的能力，使学生能够理解那些没有在语境中被直接表达的含义。例如，学生在阅读"despite the cold weather, the tourists decided to continue their journey."时，学生可推断出寒冷天气并未阻止游客的计划，并凭借这一信息继续后面的学习。学生也应在完成阅读学习后，概括文章的主要内容，这是学生巩固阅读后所学知识的重要过程。在阅读科学类文章时，学生可以先通过标题、段落首句或总结段落等方式快速提取主旨，再通过细节信息补充理解文章的背景或论据。

（三）英语阅读教学中思辨能力的培养

对于大多数学生来说，英语阅读都是一项较为困难的学习任务。在学生进行阅读活动的时候，常出现阅读效率低下、兴趣不足或文化背景缺乏的问题。造成这些问题的原因是多方面的，常见的主要有以下三种：学生接受的阅读材料不适合、学生缺乏阅读的兴趣、学生缺乏一定的文化背景。这三种问题是影响英语阅读教学顺利开展的主要原因，学生一旦出现这三种问题，就意味着思辨能力有所欠缺，难以准确对文章中的信息进行灵活的把控。为应对这些挑战，教师需要通过因材施教、互联网辅助教学以及多样化的导入方法，逐步提升学生的阅读能力和思辨水平。

1. 因材施教

在当前以班级授课制为主的教学环境中，教师面对几十名学生，不能开展一对一教学。但是教师可以根据学生的层次差异，适当选择出一定的教学方法，满足不同层次和目标的学生的需要，帮助不同层次的学生提升阅读技能以及思维能力。

（1）对于基础阅读能力较弱的学生。教师应选择简单易懂的阅读材料，如短篇故事、图画书等，以降低学习的难度。教师可以提出相对容易的问题，帮助学生在阅读中获得成就感，从而帮助学生增强自信心和提高阅读兴趣。当学生正确回答问题时，将获得成功的喜悦，并找到学习的信心和乐趣，以更大的热情投入阅读中。

（2）对于阅读能力急需提升的学生。教师可以为这类学生挑选稍具挑战性的材料，如世界名著、有难度的期刊等。教师可以安排一些具有思考深度的任务，如总结文章主旨、分析作者观点等，帮助学生拓宽视野并提高分析能力。这样学生可以挑战新的高度，挑战自我，同时拓宽学习的新视野，增长外语与文化知识，提升自我。

2. 互联网辅助教学

互联网是一个可以有效提升学生阅读兴趣和思辨能力的途径，教师可以从以下三个方面开展教学活动。

（1）发挥网络的优势，激发学生的阅读兴趣。互联网为英语阅读教学提供了丰富的教学资源和灵活的教学形式，能够有效激发学生兴趣并提升学生思辨能力。教师可以在互联网上找到适合的阅读资料库，为学生课外知识的补充提供更多的资源。学生需要兴趣的驱使，才能更好地完成阅读任务。仅是展现文章，学生未必能够被吸引，因此，教师需要对学生的教学活动进行必要的增添。教师可利用互联网搜寻适合不同层次学生的阅读材料，包括带插图的文章、视频内容以及互动练习。学生的注意力一旦被阅读材料吸引，就能够达到更好的教学效果。

（2）选择科学的阅读材料。互联网信息繁多，教师需要率先进行甄选，将其中更具价值的部分挑选出来，作为课上阅读材料。教师将互联网中的阅读材料进行筛选之后，可以选择与课堂贴近的教学内容，学生需要提前进行资料的筛选，获得相关的信息准备。学生根据需要进行资料搜索、信息甄别、相关信息介绍的过程，就是思维能力变化的过程。

（3）开展课后的拓展阅读。课堂教学时间有限，无论是教师的教学还是学生的练习，对阅读能力的提升都是十分有限的，更何况阅读能力的提升需要大量的阅读材料的输入，仅仅依靠课上完成任务，基本上是不太现实的。

教师需要引导学生利用互联网资源，将需要的资源传送到线上资源库，并布置课后的拓展阅读任务。教师可以根据教学需要，开展相应的教学活动，引导学生针对自身感兴趣的话题完成阅读任务，提升阅读能力，同时提升学生的思维能力。

3. 多样化导入

导入环节是英语阅读教学的重要组成部分，其作用在于引导学生进入学习情境，激发其学习兴趣并为其提供必要的文化背景知识。在将英语作为第二语言的学习过程中，学生往往是不能体验到真实的语言交际情境的，因此，相较于其他课程的教学，英语教学需要学生在完成语言的转换后才能开展，这就需要教师进行导入活动，将教学需要的文化背景、教学相关内容、上节课的教学内容等有选择地在导入环节进行必要的输出。教师进行教学导入时，必须进行多样化导入。多样化导入包括以下三个方面。

（1）导入内容的多样化。导入内容的多样化要求教师做到以下两点。

第一，教师选择不同体裁的材料进行导入，如小说、新闻报道、诗歌

第六章　义务教育教学中的思辨能力培养策略——以英语教学为例

等，使学生熟悉多样化的行文特点，而不局限于一种体裁，这样才能满足学生的多样化需求，从而提高学生阅读理解的准确性。

第二，所选材料不能局限于一类主题，而应经常变换题材，如节日、饮食、历史事件等，帮助学生扩展文化知识和语言背景知识，以提高学生的阅读理解水平。

（2）导入形式的多样化。导入形式多种多样，主要有以下两个方向。

第一，教师根据实际情况，运用比较、融入、体验等多种方法导入相关文化知识，加深学生对文化背景的理解。

第二，教师在选择导入材料时可以选择多种形式，如图片、视频、音频等材料来对某一个文化现象进行解释和说明，从而让学生从真实的文化环境中了解与掌握语言所承载的文化内涵，体验外语国家的文化。例如，教师可以播放莎士比亚戏剧的场景的视频片段，让学生对于阅读的内容有一个感性认知。

值得注意的是，教师作为教学活动的领导者和组织者，发挥着文化传承的作用。因此，教师在进行文化呈现的过程中，不仅要注意上述方面，还要不断加强学生的课内外文化素养，将相关的文化知识和内容融入阅读教学过程中，传授语言的深层文化内涵。

（3）运用多种方法导入文化。教师可以结合阅读材料的主题，介绍相关的文化背景知识。教师是学生获得相关外国文化知识的重要来源，因此，教师应该充分发挥自己的作用，在阅读教学课堂上教师可以结合教材组织一些专题，让学生熟悉其他国家的文化知识。例如，教师可以有针对性地安排节日主题、饮食主题、家庭和电影主题等。在学习关于感恩节的相关文章时，教师可以简要介绍其历史起源和庆祝方式。结合这些主题，教师可以介绍和解释其他国家的文化特点，使学生能够更系统地了解外国的文化知识。

英语教学不应局限于课堂教学，课堂教学时间有限，教师应引导学生充分利用课外阅读时间，更多地接触外国文化知识。教师可以向学生推荐一些关于外国文化知识的书籍，包括知名的小说、杂志、报纸等。教师要不断鼓励学生通过扩大阅读量，不断增加和积累外国的文化知识。

4. 循序渐进

循序渐进是指根据学生的语言能力和认知水平，逐步增加阅读教学中的文化知识深度与难度。由于学生的语言水平参差不齐，在阅读教学的基础阶段，教师在选择导入内容时不必选择难以理解的文化知识。教师引入的相关文化知识和内容可以由浅入深、由简单变复杂，循序渐进。此外，在介绍西方国家的文化知识时，教师应尽量选择与学生生活密切相关的内容，或者想办法将介绍的内容与学生的生活联系起来，更好地激发学生学习外语的兴趣和热情。例如，教师在介绍美国的节日文化时，可以选择较为简单的节日如"Thanksgiving Day"进行说明，并结合一些常见的图片或者影视视频中的节选片段，如分享感恩节大餐的图片或视频，提升学生的文化认知水平。

5. 关联性

关联性是指将文化知识引入阅读教育中，应主要与材料的主题、文章的作者、作者的背景等有关联。因为这些信息往往会影响文章的写作，进而影响学生对文章的理解。因此，教师在阅读教学中引入文化知识时，应给予材料内容以足够的重视，以帮助学生更准确、更深入地理解材料。例如，在阅读一篇关于美国国家公园的文章时，教师可以补充美国生态保护的文化背景以及国家公园的历史渊源，帮助学生更好地理解文章主旨。

需要注意的是，虽然关联性原则要求教师在阅读教学中包括背景知识，但这部分的教学必须是在不影响教材本身教学的前提下进行的，文化的导入应该按适当的比例进行，而不是占据主导地位。

四、英语写作教学与思辨能力培养

英语写作教学与思辨能力培养相辅相成，在英语教学中意义重大。具备思辨能力的学生在写作时，不会仅仅停留在对事物表面的描述上，而是能够深入挖掘主题的。

（一）英语写作教学的意义

1. 有助于学生口语和阅读能力的发展

在英语写作的教学中，教师应引导学生进行默写、抄写等练习活动，不断提高学生写作的速度，加上造句、作文练习，这些都有利于学生口语能力的提升。

教师如何教授学生进行遣词造句是英语写作教学的关键问题。学生需要严格精准地选择词语和语法完成写作任务，这无疑能够提升学生的语言准确性和表达清晰度，也间接强化了学生的口语能力。在写作的时候，行文的逻辑需要更加严谨，学生需要对词句、段落或篇章进行不断的修改与调整。

学生在进行写作练习之后，必然会对文章的架构掌握得更为清晰，对主题会有一个更为准确的理解，这最终有助于学生阅读能力的提升。学生在写作练习中需要反复推敲句子与段落的逻辑联系，这种对文本结构的敏感性有助于提高阅读理解能力。例如，在写作过程中学习如何组织段落、提炼主题思想，可以让学生在阅读时更快地抓住文章的主旨要点。

2. 提高学生的学习能力

写作需要学生具备词汇、语法、句法知识以及逻辑思维能力，它是一项综合性极强的语言技能。教师开展写作教学，可以提升学生的写作能力。学生在完成写作任务时，需要检索词汇、组织句子，甚至进行逻辑推理，这对学生的整体学习能力是一种系统性锻炼。

学生需要储备大量的单词、句型，在掌握了一定的课堂知识之后，再扩充更多的课外知识。只有完成了大量的知识储备，学生在写作时才能随时引用课堂上所学到的知识点，并将其转化为自己的语言，这一过程不仅加深了学生对知识的记忆，还提升了学生对知识的灵活运用能力。

写作过程往往伴随着读和写两项活动，综合开展给学生留下的印象会更为深刻。教师重视对学生写作能力的培养，学生写作写得好、写得快，有利于提升学习效率。

3. 激发学生的学习热情

英语写作不仅是语言技能的展示，还是学生表达个人思想和创造力的平台。通过写作，学生可以创造出优美的文字，获得自我表达的满足感和成就感，从而提高对语言学习的兴趣。

另外，许多学生对英语写作存在畏难心理，他们认为写作是一项复杂且枯燥的任务。英语写作教学必须消除学生对写作的畏难心理，学生需要培养出对写作的兴趣，感受写作的乐趣。教师应用写作教学的形式，可以引导学生对于文字的喜爱和写作的兴趣，进而引导学生感受学习英语的乐趣，激发出学生对学习的热情。

（二）英语写作教学的内容

英语写作教学的内容十分丰富，涵盖了从文章结构的构建到写作过程的各个环节。英语写作教学分为结构教学和过程教学两个部分。

1. 结构教学

一篇好的文章必须具备清晰完整的结构，文章结构的搭建直接影响着文章的质量和观感。在文章写作结构的教学中，教师首先要培养学生谋篇布局的能力。学生在写作之前首先要谋篇布局，再根据文章内容选择适当的扩展模式。一般来说，文章的结构应该是"引段—支撑段—结论段"，段落的结构则应该是"主题句—扩展句—结论句"。不同类型的文章可能有不同的结构，例如，说明文强调条理清晰，议论文则注重论点和论据的组织。在教学中，教师应根据学生的学习需求和文章类型，全面培养学生的谋篇布局能力。

文章的写作还需要完整统一，文章中的所有内容，包括事实、观点、例子等都需要围绕文章的中心思想而展开。同时，需要确保文章各个部分的完整性，教学时教师可采用专项训练的方式，有针对性地训练学生的写作能力。

英语写作在文章结构清晰完整和文章内容完整统一的基础上，还需要保证句子的和谐连贯，句子的排布必须具有逻辑性，句子之间要通过连接词组有机地结合在一起，内容环环相扣，流畅展开。在教学实践中，教师可以针对过渡语对学生开展专项训练。常见的过渡语具体如下。

（1）表示起始或引入的过渡语，用于引入主题或新的观点，通常放在段落开头。

常见短语：first of all、to begin with、in my opinion、as far as I am concerned、according to、it is generally accepted that、for the most part、on the whole。

用法示例：To begin with, it is important to define the main terms of the discussion.

（2）表示时间顺序的过渡语，用于描述事件的先后顺序或时间逻辑。

常见短语：first、next、then、later、afterwards、since then、meanwhile、at the same time、subsequently、eventually、in the end、finally、as soon as。

用法示例：First, we analyzed the data. Then, we developed a comprehensive plan.

（3）表示空间位置的过渡语，用于描述事物的方位或位置。

常见短语：on the left/right、to the left/right of、in the middle of、at the top of、at the bottom of、next to、near、above、below、beyond、inside、outside、across from、opposite to。

用法示例：The library is located to the right of the main building.

（4）表示因果关系的过渡语，用于说明原因、结果或影响。

常见短语：because、because of、due to、as a result、since、thus、therefore、hence、consequently、for this reason、accordingly。

用法示例：She missed the deadline because she was ill. As a result, the project was delayed.

（5）表示转折或对比的过渡语，用于表达与前句相反的观点或强调不同点。

常见短语：but、however、yet、although、though、despite、in spite of、nevertheless、nonetheless、on the other hand、in contrast、conversely、whereas、while、instead、unlike、even so、on the contrary。

用法示例：She was tired; nevertheless, she continued working.

（6）表示列举或举例的过渡语，用于列举例子或进一步阐释。

常见短语：for example、for instance、such as、namely、in particular、including、specifically、that is (to say)、as illustrated by、to illustrate。

用法示例：Many factors contribute to global warming. For instance, deforestation significantly increases carbon emissions.

（7）表示并列或递进的过渡语，用于说明并列关系或进一步深入说明观点。

常见短语：and、also、besides、furthermore、moreover、in addition、not only…but also、what's more、above all、as well、too、similarly、likewise。

用法示例：The program is efficient. Furthermore, it is cost-effective.

（8）表示总结或归纳的过渡语，用于总结全文或段落内容。

常见短语：in conclusion、to sum up、in short、in brief、in summary、on the whole、all in all、generally speaking、overall、as has been noted。

用法示例：In conclusion, the study demonstrates the effectiveness of early intervention.

（9）表示强调的过渡语，用于强调某一观点或内容。

常见短语：indeed、in fact、obviously、clearly、importantly、certainly、without a doubt、as a matter of fact、of course、it should be noted that、above all。

用法示例：Clearly, this decision will have a major impact on the economy.

（10）表示条件的过渡语，用于描述假设、条件或前提。

常见短语：if、unless、provided that、as long as、even if、only if、assuming that、on the condition that。

用法示例：You can attend the seminar provided that you register in advance.

（11）表示相似或比较的过渡语，用于比较两者的相似点或联系。

常见短语：similarly、likewise、in the same way、just as、equally、in like manner、as well as。

用法示例：The first experiment was a success. Similarly, the second experiment yielded positive results.

2. 过程教学

过程教学法兴起于美国，其核心是对写作过程重要性的强调，通过对写作过程各个环节的把控，达到提升学生写作质量的目的。一般来说，过程教学法主要包括以下三个教学环节。

第一阶段，写前准备。

写前准备是写作的基础，其重点在于培养学生的审题能力、构思能力和谋篇布局能力，包括打腹稿、确定主题、厘清逻辑、列出提纲等。在这一阶段，教师需要引导学生深入分析题目，明确写作要求，厘清文章思路，并通过列提纲等方式搭建写作框架。学生在教师的启发下，逐步形成每段内容的主题句和支撑细节，为后续写作奠定清晰的逻辑基础。

第二阶段，初稿写作与修改。

这一阶段的教学分为两个部分，在初稿写作阶段，教师应指导和鼓励学生大胆进行初稿写作，尽量使用新学会的词汇与句型，不能畏首畏尾，不敢下笔。这一阶段的教学主要是让学生想写、敢写、能写，根据主题进行发挥，不断丰富文章内容，形成初稿。

修改阶段则是针对学生的初稿进行评价和修改，采取的主要方式有两种。一是学生互评，即在教师指导下，让学生在文章互评的过程中发现潜在的写作问题。二是教师点评或范文教学。受制于课时与课堂规模，教师无法针对每一位学生的写作问题进行详细的指导，因此可以采用抽样点评的方式，发现并讲解学生写作中存在的共性或个性问题，也可以通过展示和讲解范文，引导学生分析范文的结构、主题表达、写作逻辑、句型运用方式以及段落衔接等，并从中领悟写作技巧。

第三阶段，重写与评阅阶段。

重写即撰写第二稿，学生根据初稿的评阅意见以及其中出现的问题，对初稿进行再加工，形成第二稿。重写与评阅阶段是学生在教师的指导下，对词汇、语法、句型以及整体逻辑进行完善的过程。教师对第二稿进行评阅时，应着重指出学生在语言表达和文章结构上的具体问题，同时给予其建设性反馈，帮助学生深刻认识到自身的不足，激发其继续提升写作能力的热情。

（三）英语写作教学中思辨能力的培养

英语的写作教学，对学生的语言基础和综合能力要求较高。教师在教学中需要遵循系统化的步骤和策略，采用多样化的教学策略来引导学生提升写作水平和思辨能力。毕竟，学生的写作不是背诵默写，需要根据写作的主题，发挥自己的主观能动性对文章进行有针对性的论述，最终写出来的文章才能做到言之有理、条理分明。因此，学生写作水平的高低与语言基本元素的累积、写作技巧的掌握有关系，同时学生需要具备一定的思辨能力，才能确保写作的内容言之有理。

1. 互联网辅助写作教学

在英语教学中，适当应用互联网作为教学的辅助工具，有利于激发学生的写作欲望。学生可以根据写作的模块，逐渐规范自己的写作语言，并在教师的引导下完成自我思辨与自我审视。

（1）应用计算机文字处理程序。学生在进行写作的过程中，难以避免地会出现单词的拼写错误、写作格式错误、标点应用错误等问题。教师难以针对学生的每一个问题进行一对一的讲解，但是计算机中的文字处理程序能够很好地解决这一问题。

学生可以在计算机的文字编辑器中完成写作任务。教师可以应用英语作文的批改网站，或者是英语作文的批改程序，针对学生在写作中出现的错误及时改正。这会使教师的批改工作更加高效，教师甚至可以根据软件统计的结果，对学生出现的共性问题，在课堂上进行统一讲解。

教师应用互联网手段，有针对性地进行教学活动，毫无疑问，可以起到一定的辅助作用。学生可以将更多的精力倾注于写作本身，教师也可以将更多时间与精力用于开发学生的写作技巧与思辨能力的提升上。

（2）利用社交软件进行相互交流。相较于其他的教学活动，写作是一种需要深度思考和表达的活动，这一过程需要更多的思维内容的输出。当然，学生要想准确输出自己的观点，肯定也需要一定的内容输入与累积。

教师可以引导学生运用社交软件，如组织群组讨论或话题分享活动，引导学生进行日常生活的分享与交流。教师可以根据一定的话题，在社交软件上，引导学生进行较为热烈的讨论，让学生相互之间进行交流，这样可以提升学生的写作水平，进而增强学生对写作的兴趣和信心。

（3）引导学生利用互联网辅助完成写作。互联网为学生提供了丰富的学习素材，互联网是一种帮助学生自我成长与自我发展的有效工具。学生可以将教师提出的写作主题作为检索对象，在互联网上进行搜索，学生在对于相关的主题有了更为深刻的理解之后，就能更好地完成写作任务。教师针对学生的需要进行必要的指导与监督，师生之间可以形成一种友好互动的交流氛围。

2. 读写结合法

读写结合教学法强调阅读与写作的有机结合，通过阅读开阔学生的语言视野，通过写作巩固阅读成果，两者相辅相成，有助于提升学生的语言能力和批判性思维。之所以选择这种教学法，主要是因为教师可以引导学生通过阅读提高语言理解能力，同时通过写作锻炼他们的表达能力。毫无疑问，这个过程可以提升学生的思辨能力。

思辨能力是指对问题进行深入分析、评估和判断的能力，是一种重要的思维技能。

广泛阅读可以让学生接触到各种不同的观点和见解，这有助于学生拓展思维，深化对问题的多元化理解。这样，在进行写作时，学生可以将不同视角进行对比和分析，形成自己独立的见解和观点。在学生阅读的过程中，教师也要起到引导的作用，需要提醒学生注意理解文章的逻辑结构和论据支持。教师通过阅读教学，引导学生将阅读作为突破点和自我累积的过程，可以提高他们在写作时对论点和论据的运用能力，使他们的观点更有说服力。

学生在阅读和写作过程中，即便将阅读的材料作为自己写作的源泉，也不意味着全盘接受阅读材料的内容。教师要引导学生保持批判性思维，敢于对所接触到的观点和信息进行评估和质疑。这样，在写作时，学生可以避免盲目接受他人观点，形成自己独立的思考和判断。在写作过程中，学生需要时刻对自己的观点和论据进行反思，看是否存在漏洞和不足之处。反思过程，或者说回看过程是十分有必要的，通过这个过程，学生可以不断完善自己的观点，使自己的论述更加严密和有说服力。在完成写作之后，学生可以将自己的作品与他人分享，邀请他们提供反馈意见。通过与他人的交流和讨论，学生可以发现自己的盲点，从而提高自己的思辨能力和论证水平。

总之，读写结合法可以帮助学生提高思辨能力。在阅读和写作过程中，学生只有保持批判性态度、积极反思和交流，才能提升对问题的分析和判断能力，培养他们独立的思考和批判性思维。

参考文献

[1] 王保庆.发展潜能教育的学校课程文化建设［M］.天津：天津大学出版社，2021.

[2] 明德璋.唤醒学生的潜能［M］.上海：东方出版中心，2013.

[3] 卢希悦.思维的革命：走进创新思维的自由王国［M］.北京：经济科学出版社，2004.

[4] 钟启泉.教育的挑战［M］.上海：华东师范大学出版社，2019.

[5] 周加仙.教育神经科学引论［M］.上海：华东师范大学出版社，2009.

[6] 王洪席.过程哲学思潮与课程变革研究［M］.北京：中国社会科学出版社，2021.

[7] 李金钊.基于脑的课堂教学：框架设计与实践应用［M］.上海：华东师范大学出版社，2013.

[8] 丛书编写组.教学理论与实践系列：新课程实施难点与教学对策案例分析丛书初中卷（中）［M］.北京：中央民族大学出版社，2006.

[9] 丛书编写组.教学理论与实践系列：新课程实施难点与教学对策案例分析丛书初中卷（下）［M］.北京：中央民族大学出版社，2006.

[10] 叶澜.教育学原理［M］.北京：人民教育出版社，2007.

[11] 苏秀英.基于问题视角的初中历史思辨能力培养策略［J］.亚太教育，2023（24）：23-25.

[12] 傅京.基于学生思辨能力培养的英语阅读教学实践［J］.教师教育论坛，2023，36（12）：54-56.

[13] 王志旭，吴祥恩.我国基础教育批判性思维研究热点与趋势：近20年核心期

刊数据库的知识图谱分析［J］.中国教育技术装备，2022（24）：1-4，17.

［14］刘秋玲.小学语文学科思辨性阅读与表达［J］.中国教育学刊，2023（5）：104.

［15］郑丽敏.新课程标准下的中学音乐教学改革与创新［J］.亚太教育，2023（8）：170-173.

［16］张茂华，陈兴，强云.课程思政视域下跨文化思辨英语教学模式研究：基于高中英语教学实践［J］.海外英语，2023（4）：195-197.

［17］季芳."双减"背景下基础教育教学改革实施路径探究［J］.长春教育学院学报，2022，38（6）：146-150.

［18］任慧英.义务教育阶段教育质量评估体系创新研究［J］.甘肃教育研究，2022（11）：11-13.

［19］张瑜，徐家宝，强云.课程思政背景下跨文化思辨英语能力培养路径：以英语师范生为例［J］.海外英语，2022（19）：120-122.

［20］刘明，林盼盼.师范专业小学科学课程教学改革与探索：以大连大学教育学院为例［J］.教育教学论坛，2022（41）：85-88.

［21］黄贤忠，陈家尧.背景、目标与实践路向：关于教育"双减"与语文教学改革的对话［J］.重庆文理学院学报（社会科学版），2022，41（5）：116-126.

［22］郑长龙.核心素养导向的化学教学：义务教育化学教学改革的新方向［J］.课程·教材·教法，2022，42（9）：41-46.

［23］颜淑华.中学英语阅读教学中思辨能力的培养方法［J］.亚太教育，2022（14）：61-64.

［24］刘梦鸽，崔羽杭，闫树英，等.基础教育阶段英语思辨能力培养策略研究［J］.经济师，2022（5）：219-221.

［25］唐安奎，毛道生，徐猛."双减"政策背景下的基础教育发展（笔谈）［J］.成都师范学院学报，2022，38（4）：1-8.

［26］李慧玲.我国小学教育研究70年：主题、方法和层面［J］.重庆开放大学学报，2022，34（2）：28-39.

［27］龙宝新，赵婧."双减"政策破解义务教育内卷化困境的机理与路向［J］.现代教育管理，2022（4）：20-29.

［28］向天成，赵微.民族地区儿童审辩式阅读的价值意蕴及其教学实现［J］.贵州

民族研究，2022，43（1）：181-185.

[29] 穆铭．教育改革发展是有效落实"双减"的根本之策［J］．领导科学论坛，2022（1）：66-69.

[30] 周树涛，孙宇．以英语专业思辨能力培养为目标的教学模式研究：以《英语写作》课程为例［J］．品位·经典，2022（1）：145-147，160.

[31] 冉永红．中学语文教学培养学生思辨能力的参考指南：评《中学语文批判性思维教学案例》［J］．语文建设，2022（1）：88.

[32] 陈月桂．基于数学思辨式教学的有关思考［J］．西部素质教育，2022，8（1）：187-189.

[33] 马勇军，姜雪青，律智赢，等．近十年学科课程研究范式的跨学科分析：兼谈与一般教育研究范式的比较［J］．中国教育科学（中英文），2022，5（1）：42-53.

[34] 刘永泉，孟凡丽，魏炜．在线教育助推义务教育优质均衡发展的价值意蕴及作用机理［J］．中国电化教育，2021（10）：86-90，119.

[35] 韩宝江．北京市基础教育课程改革20年历程与思考［J］．基础教育课程，2021（17）：44-51.

[36] 段颖睿．试论乡镇高中语文阅读教学中的思辨力培养：以广东省中山市小榄中学为例［J］．语文教学通讯·D刊（学术刊），2021（8）：44-45.

[37] 张雷．基于思辨能力培养的中学语文教学策略：评《中学语文批判性思维教学案例》［J］．中国教育学刊，2021（4）：140.

[38] 王宜颖．单轨学制存在的问题与教学改革［J］．佳木斯职业学院学报，2021，37（4）：149-150.

[39] 朱昭伦．中学语文思辨性阅读教学策略探讨［J］．语文教学通讯·D刊（学术刊），2021（1）：33-35.

[40] 陈俊雹．运用人工智能技术推动教育教学改革的路径探索［J］．中国新通信，2020，22（23）：153-154.

[41] 范国睿，陈婧．以蓝图引领发展：2019年我国教育政策评析［J］．现代教育管理，2020（9）：1-13.

[42] 董玉奇．通过思辨性阅读培养中学生批判性思维：评《中学语文批判性思维教学案例》［J］．语文建设，2020（9）：81.

[43] 王琦.深化教育教学改革 提高义务教育质量［J］.现代教育科学，2019（S1）：67-69.

[44] 陈雪梅.思辨：培育地理学科核心素养的捷径［J］.中学地理教学参考，2019（22）：23-24.

[45] 张国霖.教育发展的质量追求［J］.基础教育，2019，16（5）：1.

[46] 韦钰.70年基础教育的见证［J］.基础教育课程，2019（19）：7-13.

[47] 魏际兰.以辩论赛为依托的大学生思辨能力评估研究［J］.社科纵横，2019，34（9）：136-140.

[48] 李慧.思辨性提问教学设计研究：以万州某中学语文老师的一节课为例［J］.传播力研究，2019，3（23）：219-220.

[49] 杨倩，龙世华.在高中作文教学中培养学生思辨能力初探［J］.教育导刊，2019（5）：80-84.

[50] 李绪文.中学议论文教学加强学生思辨训练刍议：以2018年全国高考作文题（Ⅱ卷、Ⅲ卷）为例［J］.教育导刊，2019（1）：79-83.

[51] 周海英.中学生物实验教学价值取向思辨［J］.现代职业教育，2018（27）：100-101.

[52] 岳海玲.课改期待中的理性思辨：基础教育课程改革反思研究综述［J］.教育科学论坛，2018（23）：18-22.

[53] 李娅玲，方依婷，黄鑫涛，等.我国近五年教师胜任力研究：进展与思考［J］.广东第二师范学院学报，2018，38（2）：9-16.

[54] 柯志骋，王雅雪.我国基础教育国际化的理性思辨：基于中国期刊网（CNKI）2001—2016年发表文献的比较研究［J］.韶关学院学报，2017，38（11）：24-29.

[55] 陈亮.机遇与挑战："互联网+"视阈下的基础教育质量政策发展思辨［J］.内蒙古社会科学（汉文版），2017，38（5）：179-184.

[56] 连宁丰.高中历史教学中如何培养学生的思辨能力［J］.西部素质教育，2017，3（15）：52-53.

[57] 杨静林，曹莎.小学英语教学思辨能力培养模式探析：基于中美小学英语教材比较分析［J］.成都师范学院学报，2016，32（7）：58-62.

[58] 张冶.基于语文教学改革基本问题的哲理思辨[J].教育科学论坛,2016(11):69-72.

[59] 陈珊.拓展生生互评维度,激活学生思辨能力[J].北方音乐,2016,36(10):190.

[60] 周玲,翟红梅,张娟,等.英语写作与思辨能力的培养:基于中学英语限时作文反思日志的实证研究[J].牡丹江大学学报,2015,24(12):172-174.

[61] 王永亮.新疆师范大学美术学生实习支教思辨[J].美术教育研究,2015(11):122-123.

[62] 李子蓉,叶艺婷,卢灵.地理思辨力的可视化研究[J].中学地理教学参考,2015(10):7-9.

[63] 薛莉."二期课改"下的初中思品作业有效设计初探[J].思想政治课研究,2015(1):97-99,110.

[64] 陈光伟.高师卓越英语准教师培养管见[J].广西师范学院学报(哲学社会科学版),2014,35(2):82-86.

[65] 崔维云,董长春.高中政治课需要怎样的思辨?[J].中学政治教学参考,2014(Z1):68-70.

[66] 苏益贤.高中历史课堂教学与学生思辨能力的培养[J].科教导刊(上旬刊),2014(1):140-141.

[67] 郭绍仪.让理性思辨在中学哲学教学中绽放魅力[J].思想理论教育,2011(8):44-47.

[68] 朱继军.思辨的历史哲学与中学历史教学[J].历史教学问题,2010(4):133-135,124.

[69] 胡超群.中学数学直觉思维及培养[J].四川教育学院学报,2004(S1):130-131.

[70] 王小柳.思辨基础教育均衡发展[J].上海教育科研,2004(9):23-24.

[71] 张淑英,贾荣固.关于转变教师观念的思考[J].大连教育学院学报,2001(2):19-21.

[72] 吴登文.数学的现代概念与面向新世纪的中学数学教育改革[J].深圳教育学院学报(综合版),1999(2):52-55,59.

[73] 章建跃. 在奥林匹克数学教学中揭示数学本质，培养数学思辨能力的几个问题［J］. 数学通报，1995（4）：3-8.

[74] 陈秀玲. 思辨性阅读文本资源的选择与开发［J］. 语文建设，2024（11）：10-15.

[75] 安成果. 初中语文"思辨性阅读与表达"学习任务群教学设计［J］. 汉字文化，2024（11）：133-135.

[76] 陈为发. 小学语文阅读教学培养学生思辨能力的策略［J］. 教育观察，2024，13（14）：110-112.

[77] 张凤梅. 外语教育中的"思辨+思政"路径探索［J］. 宁波工程学院学报，2024，36（1）：86-91，132.

[78] 张玉芬. 低年级思辨性阅读的课堂指导策略［J］. 河南教育（教师教育），2024（4）：50-51.

[79] 左苗苗. 课程思政下中小学思辨英语课程发展与教学实施［J］. 惠州学院学报，2024，44（1）：74-79.

[80] 李燕玲，娄馨月. 民族基础教育研究范式的嬗变与展望［J］. 青海民族大学学报（社会科学版），2023，49（4）：132-139.

[81] 王颢睿. 以多元的课程体系培养专业技能与思辨能力：美国设计基础教育的探微与启示［J］. 艺术教育，2024（9）：247-250.

[82] 刘秀霞. "思辨性阅读与表达"任务群在小学语文教学中的应用探究［J］. 国家通用语言文字教学与研究，2024（8）：115-117.

[83] 薛二勇，李健. 基础教育强国建设的政策经验、关键挑战和推进路径［J］. 中国教育学刊，2024（7）：1-7.